不要害怕中国

［法］菲利普·巴莱（Philippe Barret）/ 著

马小棋　许予朋 / 译

中国友谊出版公司

图书在版编目（CIP）数据

不要害怕中国 / (法) 菲利普·巴莱著；马小棋，许予朋译. -- 北京：中国友谊出版公司，2019.9
ISBN 978-7-5057-4797-5

Ⅰ.①不… Ⅱ.①菲… ②马… ③许… Ⅲ.①中国经济 – 研究 Ⅳ.①F12

中国版本图书馆CIP数据核字（2019）第175496号

书名	不要害怕中国
作者	（法）菲利普·巴莱
译者	马小棋　许予朋
出版	中国友谊出版公司
发行	中国友谊出版公司
经销	北京时代华语国际传媒股份有限公司　010-83670231
印刷	北京中科印刷有限公司
规格	880×1230毫米　32开 6印张　88千字
版次	2019年9月第1版
印次	2019年9月第1次印刷
书号	ISBN 978-7-5057-4797-5
定价	49.80元
地址	北京市朝阳区西坝河南里17号楼
邮编	100028
电话	（010）64678009

**我们并不完全了解中国，
但中国是可预测的**

序言
PREFACE

现如今，一些法国人总是带着讽刺的目光看待中国的方方面面，这通常是无知的偏见所带来的结果。

诚然，法国不乏有一些很了解中国的人，但其中大多数属于汉学家群体。法国引以为傲的是，从19世纪初法兰西公学院①就已经开始发展和教授汉学了，这比其他西方国家都要早，法国曾是这方面的先驱。然而今天，大多数法国汉学家似乎都更怀念过去的中国，而不愿承认和接受现代中国。此外，还有另一些汉学家，虽然人数不多，但对中国的认识非常理智且客观。我们也看到有一些中国人，虽然人数也不多，但对西方文化有非常深刻的认识。一些在国际音乐比赛中获奖的中国钢琴家，都可以用最细腻的感情演绎贝多芬、肖邦以及德彪西的钢琴作品。但是我们却找不到一个法国人，甚至任何一个欧洲人，能用正确的语调朗读李白或者杜甫②的诗，或是能在一部中国古典戏剧中饰演好他们的角色。而这两位诗人在中国诗歌界的地位，相当于波德莱尔（Charles Baudelaire）和雨果（Victor Hugo）在法国文学界的地位。

绝大多数法国人看待中国的方式如同盲人。即使能趁着出差或旅游的机会去中国待上几天，却仍然对这个国家一无所知。

这一切都要从学校教育说起。由于对中国历史的介绍开始得太晚，所以一切都很糟糕。在法国教育中，中国历史始于1860年，这一年英法两国向中国发动了第二次鸦片战争。对于法国的初高中生来说，中国此前两三千年的历史都是空白。这又让我想起耶稣会传教士来华一事。基督教实际上在公元7世纪就已传入中国，而不是像法国课本中所写，大家都认为的16、17世纪。在7世纪，中国第一座教堂就已在当时的都城长安附近建

序言

成，我们现在仍可以在陕西西安历史博物馆通过著名的《大秦景教流行中国碑》③看到这段历史。想要了解中国，了解其历史无疑是最重要的，其语言也同样重要，不过汉语确实很难掌握。要了解任何一种文明，不懂它的语言是行不通的，对于中国尤其如此，因为汉语和我们所熟悉的印欧语系、闪语族的语言完全不一样。

如若大量涉及中国文学，法国较专业的出版社，无论规模大小都会很好地完成工作，但仍比不上更精益求精的英国出版社。一些大部头的中国经典小说、关于中国思潮的作品甚至是史学家的著作，我们都可以在书店找到它们的法语译本。我们也可以在那里找整个20世纪众多作家的小说。拥有如此丰富的文学作品是因为意识形态、政治和社会都发生了翻天覆地的变化，并在短时间内影响了整个国家，这情景和19世纪的法国小说一模一样。然而在法国，这样的文学却鲜有读者。暑期结束，你可以向朋友大谈你又重读了《人间喜剧》（*La Comédie humaine*）或莎士比亚的历史戏剧，对方不论是谁，都读过巴尔扎克（Honoré de Balzac）的几本小说，读过或在剧院看过莎士比亚的几部戏剧，对话因此可以立马继续下去。但如果你对他们说你利用夏日的假期读了《水浒传》或者《红楼梦》④，对话就会难以继续：即使在颇有学问的人群之中，也没什么人读过其中的任何一本，很多人甚至不知道它们的存在。

我们要在此承认阿兰·佩雷菲特⑤的贡献，有机会的话我们还会谈到他。还有其他人，但人数不多。我们对佩雷菲特第一本关于中国的书非常熟悉，书名借用了拿破仑的一句话（但这句话的出处从未确定）：《当中国觉醒时……》(Quand la Chine s'éveillera...)。还有另外三本读者不多的关于中国的作品。为了认识并读懂中国，佩雷菲特做出了了不起的努力，值得被强调。他对共产主义的赞同不应被质疑，他值得再一次得到认可！

法国于1964年在戴高乐将军的提议下承认了北京政府，并由此成为一个在中国人民眼中拥有特殊地位的西方国家，但法国却不知道利用这一优势，这才是最让人惊讶的。如今，不仅仅是美国，英国、德国都在与中国的贸易往来中远远领先于法国。

中国经济增长迅猛时，人们担心它巨大的经济力量在全球的位置，当中国经济增长稍有放缓，人们就预测中国经济将会崩溃，并将此现象对西方经济带来的恼人

序言

后果都归咎于中国。即使英国、德国及美国的媒体无法放下此类偏见,也会尽最大努力做到客观。但法国发生的一切让人以为,公允又不带侵略性地谈论中国会被质疑,甚至会受到谴责。虽然法国媒体是自由的,但关于中国的报道却永远只有一个调性,让人觉得读到的听到的都是真相。

在一个开放竞争的世界里,如果对中国的无知和不解持续下去,我们会因此付出更多的代价。而我们就是要尝试理解这种不理解。它有因也有果。我们试图将其公之于众。当然,我们也尽量用另外一种眼光去发现中国及其文明的真正特点,一些对于认识现在照亮未来来说必不可少的特点。没有必要憎恶中国,也没有必要害怕它。

目录
CONTENTS

第一章　就这样误解了中国

第一节　法国人曾为中国着迷 / 1
　　肩负使命的耶稣会士到中国 / 3
　　启蒙思想家"想象的中国" / 8
　　感受中国工艺品与中国文化的魅力 / 16

第二节　殖民时代对中国的伤害与偏见 / 23
　　强盗的逻辑：我伤害你，你不许反对 / 23
　　凭空炮制的"中国威胁论" / 32

第三节　当代中国到底招惹到了谁？ / 39

第二章 找到看中国的正确姿势

第一节 西方是什么：西方观念与西方视角 / 47

　　古希腊的源头：不强加于人是美德也是传统 / 48

　　基督教的源头：从根本上并没有政治诉求 / 51

第二节 中国是什么：中国特点与中国精神 / 59

　　国家的思想 / 60

　　"没有信仰的民族" / 71

　　没有殖民的国家 / 78

　　女性问题 / 84

　　民族情感 / 92

　　中国的语言 / 110

　　摆脱屈辱 / 115

第三章 该西方睁眼看中国了

第一节　用怎样的眼光展望中国未来 / 123

　　　　人口与未来 / 124

　　　　经济形势未来仍向好 / 129

　　　　对中国现实不能一无所知 / 138

　　　　中国不会立志于成为帝国 / 141

第二节　法国人未来看待中国的眼光 / 150

结论　识时局之人不能对中国一无所知 / 153

注释 / 159

第一章　就这样误解了中国

要想理解某个现象，就要从其历史开始。然而四个世纪以来，法国人对中国的态度从被吸引，或至少是友好的好奇，到傲慢的蔑视，再到彻底排斥，发生了巨大的变化。对中国的不了解造成了该时期这种矛盾的感情，当然一些中国问题专家除外。但是一般情况下，曾经推崇中国的人并不比现在反对中国的人更了解这个国家。

第一节　法国人曾为中国着迷

从17世纪到19世纪中叶，法国人因为各种不同的原因被中国吸引。17世纪之前，法国和中国没什么直接联系。和很多欧洲国家一样，法国从中国进口丝绸和香料，不过古罗马人早就这样做了。对于古罗马人来说，中国是丝织物的主要来源地，因此他们根据汉字"丝"，将中国人叫作"塞里斯（Seres）"，也就是"丝的"。公元前3000年养蚕业在中国出现，但是直到公元6世纪，也就是在查士丁尼一世（Justinien）时代，罗马帝国才有了养蚕业。意大利更晚，一直到了12世纪，从那时起养蚕业开始在欧洲可以种植桑树的地区传播开来。

公元166年，罗马和长安分别处于马可·奥勒留[①]和东汉刘桓帝时期，罗马人决定避开波斯商人以便和中国开展贸易，这才有了去往中国的机会。同样生活在公元2世纪的希腊人马埃斯·蒂蒂亚诺斯（Maès Titianos）也足够大胆，他和罗马人有着一样的目标，即到长安去，于是他也避开了所有与中国有贸易往来的中介人。泰勒的马里努斯[②]和托勒密[③]都讲述了此次旅行。

来自威尼斯的马可·波罗（Marco Polo）在中国的游历给世人留下了著名作品；但其实法国人不去中国，中国人也不来法国，极个别人除外。两国之间的贸易由一些印度和阿拉伯人作为中介来完成，并在9世纪到14世

第一章 就这样误解了中国

纪之间达到了顶峰。不仅买卖丝绸,陶瓷、香、香料、药草和宝石都是商品,虽然欧洲那时还没有出现针灸,但已经开始买卖传统中草药了。中国商人的足迹遍布东南亚、印度,甚至延伸到了波斯湾和东非。那里有中国商人和欧洲的中间人。和其他欧洲国家一样,耶稣会士促成了法国人和中国的第一次直接联系。

肩负使命的耶稣会士到中国

早在耶稣会士之前,就有一些天主教神父被派往中国,以制衡源于伊拉克④,信仰基督教却被当作异端的景教。其中最著名的当属天主教方济各会传教士若望·孟高维诺(Jean de Montecorvino),他出生于意大利,奉教皇尼古拉四世⑤之命来到中国,于1294年到达北京⑥,并成为中国首任主教。直到16世纪,去往中国的教父人数和基督教国家的大使差不多一样多,他们只有一个目的:劝化中国人信奉基督教。

耶稣会士肩负着其他使命。他们中的第一批人被葡萄牙和西班牙当作殖民工具,16世纪,葡萄牙的殖民野心在澳门实现。梵蒂冈也没忘记它的宗教使命。在意大利人，尤其是在利玛窦（Matteo Ricci）的参与下，事情发生了变化。耶稣会士不仅仅是欧洲意识形态的宣传者，他们还尝试理解中国文化。他们长期居住在中国，学习汉语，阅读中国思想家的著作并将其翻译成拉丁语，显然，对他们来说这意味着尊重，这种方式也能让多数欧洲人认识这些作品。事实上，在中国的所见所闻给他们留下了深刻而又正面的印象，中国人也感受到了其友好态度。而且他们带来的数学、天文学知识也吸引了众多中国人。耶稣会士的布道吸引了儒家的改良派，同时孔子思想也引起了耶稣会士的兴趣。他们亲华的态度招来了梵蒂冈方面的不满和谴责，最终导致教皇颁布通谕并下令解散耶稣会。

直到1685年，法国路易十四才开始向中国派遣传教士。法国国王和康熙皇帝互致书信之后，这批数学家耶稣会士于1688年抵达目的地。康熙皇帝尤其喜爱这支由科学家组成的使团，中国的热烈反响在法国也得到了同样的认可：中国人热爱科学，中国皇帝也和法国国王一样，成了科学的保护者。为了拉近两位统治者的关系，这些法籍耶稣会士付出了不少努力：路易十四和康熙分别对

第一章 就这样误解了中国

长城和凡尔赛宫有着强烈的好奇和高度的赞扬,因此要求各自的代表分别作了相关报告。法国耶稣会士到达中国两年后,北京天主教府成立。其实在此之前,通过比利时耶稣会士金尼阁(Nicolas Trigault)所撰书籍,法国人已经为中国着迷了。利玛窦去世前不久,金尼阁收到他关于在华所见所闻的札记,将其翻译为拉丁文并出版。三年后,也就是1617年,这本书被译为法语,书名为《1582—1610:基督教远征中国史》(*Histoire de l'expédition chrétienne au Royaume de la Chine*, 1582—1610)。面向欧洲、表达耶稣会士对中国文化赞美之情的书也越来越多。其中不得不提由李明(Louis Le Comte)(1696)⑦编写的书籍,以及杜赫德(Jean-Baptiste Du Halde)(1735)撰写的《耶稣会传教士关于中国和东印度的书信集》(*Lettres de quelques missionnaires de la Compagnie de Jésus écrites de la Chine et des Indes orientales*)(1702)⑧和《中华帝国全志》(*Description de la Chine*),第一本书的另一个名字《耶稣会士中国书简集》(*Lettres édifiantes et curieuses*)⑨更为人熟知。欧洲对中国的兴趣就这样得以开始并发展起来。

5

耶稣会士的才智和开放的思想是他们最大的优势。他们坚信，只有适应中国的风俗习惯，基督教才有在这里传播的可能。因此他们穿着中国服装，学习汉语，还给自己取中国名字。他们尤其看重汉语的实际运用，甚至认为儒家思想和基督教教义并不冲突。礼仪之争由此产生：儒家礼仪到底只是简单的习俗，还是迷信，抑或是宗教信仰？不久以后，梵蒂冈开始禁止耶稣会士对儒家礼仪的尊崇，而中国皇帝也不允许在华神父臣服于国外势力——梵蒂冈。这一切最终导致18世纪耶稣会在中国被取缔。

在这些见闻、译作以及耶稣会士其他著述的基础之上，汉学在法国诞生，并被纳入法国高等教育，不过没有进入大学体制，而是进入了法兰西公学院。1814年，法兰西公学院设立"汉语和鞑靼—满族语语言文学讲座"[10]，雷暮沙（Abel Rémusat）成为首个执掌该教席的教授，某种意义上说他是法国专业汉学的创始人。出于一些实用目的，尤其是出于商业贸易目的，法国国立东方语言学院（l'École nationale des langues orientales），即法国国立东方语言文化学院[11]的前身，于1840年开设

第一章　就这样误解了中国

了汉语教席。

汉学家用自己的方式对中国有了深入的了解。但他们人数不多，普及知识的意愿也并不强烈。长期以来，大学一直处在汉语教学的边缘。在特殊的历史背景下，里昂大学率先将汉语列入核心课程。20世纪初，丝绸之都里昂的一些工业活动需要汉语人才，于是当地工商会求助于里昂大学以开办汉语教学。里昂众大学对此提议拒不考虑。因此要想有学校愿意开设中文课程，工商会就得承诺负责其费用。1921年，在爱德华·赫里欧[12]的支持下，中法大学（Institut franco-chinois）在里昂成立，但该学校并不具备法国普通高校的特性。时至今日，汉语教师觉得他们已经有相当多的学生了，教师招聘考试的评审也认为现有的汉语教职已经足够〔2016年，有4人在中学、大学教师资格会考中获得汉语教师资格（agrégation），有16人通过了汉语中学师资合格证书统考（CAPES）〕。这一切让人觉得学习中文好像是一项只有少数人才能拥有的特权一样[13]。

总而言之，汉学家的小圈子既没有扩大的可能，也不会大范围普及关于中国的知识。

启蒙思想家"想象的中国"

启蒙思想家和耶稣会士一样对中国怀有极大的兴趣。但与后者相反,他们没去过中国,也没学习汉语。他们对中国的迷恋是盲目的,对中国的认识全凭想象。启蒙思想家虽然坚决反对耶稣会,但他们对中国的了解全部来源于耶稣会士所著书籍。为了赞颂中国文化及其制度,这些通晓中国的耶稣会士在他们的书中大力推崇中国。这样善意的扭曲事实显然有助于向读者,包括启蒙思想家提供积极的引导。

不过,不是所有启蒙思想家都被中国所吸引。比如孟德斯鸠(Montesquieu)就显得对中国抱有极大的敌意,但他并没有因此而低估中国的重要性。《论法的精神》(*De l'esprit des lois*)全书31章中共有20章提及中国,但仅仅是为了更好地揭示出中国的皇帝独裁、司法专制、宗教风俗律法及礼仪("礼教")被混为一谈、商人的奸诈行径,以及一夫多妻制。就像他抨击法国君主专制那样,孟德斯鸠也不会做任何美化中国专制集权的事。和传教士相反,他足够现实,明白中国不会接受西

第一章 就这样误解了中国

方的思维方式和生活方式，基督教难以立足于此。"中国并不因为被征服而丧失它的法律，从这里还产生一个很不幸的后果，就是要在中国建立基督教，几乎是不可能的事。⑭"

通常最让启蒙思想家感兴趣的是，在中国这样一个疆域辽阔、人口众多的国家，竟然不存在宗教，起码不存在信奉某个人格神的宗教，即使有教士致力于传播圣经。那时的中国人并不否认可以称其为神的事物的存在，他们的想法和启蒙思想的自然神论、亚里士多德（Aristote）的第一因以及斯宾诺莎（Spinoza）主张的"自然即神化身"（Deus, sive natura）不谋而合，和犹太教、基督教信奉的人格神却互不相容。当然，如果中国真有这样的宗教，中国人也不会为了把自己的宗教强加于其他民族而在中国以外挑起宗教战争。

公开表示自己是无神论者的霍尔巴赫⑮，也对中国有着狂热的迷恋，但之后迫于一些政治原因，他不得不与其划清界限。还有另外一些启蒙哲学家既不是民主主义者，也不反感君主强权，因此对中国的态度更为明朗。如狄德罗（Denis Diderot）在《百科全书》

（Encyclopédie）中用专门的篇幅介绍中国哲学，并着重称赞了孔子的道德哲学。有趣的是，狄德罗在此文中用大量笔墨介绍了"Ju-kiao"，即"Rujiao"。该词第一个字有"儒家的"或"有文化的"之意；第二个单词则意为"宗教"。但是汉语中"儒教"一词并不常见。通常情况下，中国人会称其为"儒家"，而不是"儒家宗教"，也不是"文人的宗教"。显然，作为狄德罗知识的来源，耶稣会士希望将儒学作为一种宗教，至少是作为一种和宗教相容的思想体系来介绍。狄德罗还从逻辑上将儒家和道教、佛教联系了起来。其实儒家从来都不是宗教，甚至一直都极度反对所有宗教，包括道教和佛教。然而自11世纪起，儒、释、道开始三教合一，某种程度上儒家思想在其中占主导地位，被西方称为"新儒学"⑯。狄德罗尤其受到了由柏应理⑰主编的丛书的启发⑱。但该套于17世纪末出版的丛书却将儒家思想定义为自然理性的分支，将宋明理学定义为唯物主义。当然这样做并不是为了惹恼狄德罗。就这样，不懂汉语让这位哲学家不得不依赖于他一直反对的耶稣会士。

弗朗索瓦·魁奈（François Quesnay）是中国文化的

第一章　就这样误解了中国

忠实拥趸。1767年，他出版了《中华帝国的专制制度》[19]（*Despotisme de la Chine*）一书。这本书不但没有批判中国的政治制度，反而对其赞扬有加。书中区分了独裁的专制君主和法治下的专制君主。在魁奈的眼中，中国皇帝属于后者，这对一个重视经济自由的国家是必不可少的。要实施经济自由，就需要一个绝对的、明智的、理性的、遵从自然规律的政府。正如我们所见，提出重农主义的魁奈并不认为经济自由主义和民主政体之间有必然联系。然而我们的现代评论者又从魁奈身上学到了什么？

可以说莱布尼茨（Gottfried Wilhelm Leibniz）是启蒙运动的先驱，1705年，他在致神父安东尼·韦朱思（Antoine Verjus）的一封信中毫不犹豫地指出："我发现你们的大部分传教士都严重倾向于鄙视地谈论中国的知识。然而……在我看来，甚至对于他们之中的行为做一种不加修饰而又准确的描述，也不会比许多学者酷爱的有关希腊和罗马人礼仪与家具的知识具有更多和更有益的透明度。"[20]

伏尔泰（Voltaire）无疑是对中国最为着迷的启蒙思想家。

众所周知,伏尔泰一生中最重要的,不是现今读者最多的书中涉及的哲学或政治主题,也不是其深受读者喜爱的几本书中谈到的历史问题;伏尔泰毕生从事的是戏剧,如今却很难在剧院的舞台上看到,但它们一定不会辜负大家的期望。

1735年,杜赫德(Jean-Baptiste Du Halde)出版《中华帝国全志》(*Description de la Chine*)。这本书共有4卷,其中就有由耶稣会士马约瑟(Joseph Henri de Prémare)节译的《中国悲剧赵氏孤儿》(*Le Petit Orphelin de la maison de Tchao, Tragédie chinoise*),此剧源自中国元代(13世纪)不入流的剧作家纪君祥所作元杂剧《赵氏孤儿》[21](*L'Orphelin des Zhao*),讲述了一个私通、复仇和自杀的故事。6年后,威廉·哈契特(William Hatchett)将其译为英语,改名为《中国孤儿,一个历史悲剧》(*The Chinese Orphan; An Historical Tragedy*)。1742年,彼得罗·梅塔斯塔齐奥[22]将其改编为歌剧《中国英雄》(*L'eroe cinese*)。伏尔泰也不例外,他在1755年将《中国孤儿》(*L'Orphelin de la Chine*)献给了法兰西喜剧院。1782年,奇马罗萨[23]也对其进行了

第一章　就这样误解了中国

改编，剧名和其同胞塔斯塔齐奥保持一致。伏尔泰的版本对中国原作进行了较自由的改动，将纪君祥作品发生的时代向后推了1000多年，故事发生的时间改为13世纪，即原作者生活的时代。他将原来的中国名字都换成了一些异想天开的名字，相较于中文人名，这些名字更像是土耳其或波斯人的名字。他还增加了一个虚构的女性人物，她拒绝牺牲自己的儿子。他盛赞成吉思汗。尽管如此，这是法国第一部以中国为中心主题的戏剧。伏尔泰非常喜欢剧中人物的中国服装。他想根据自己的了解，以最好的方式，把自己所理解的中国和儒学介绍给世人。伏尔泰把希腊题材转移到了中国，被征服的希腊用其哲学和文明征服了罗马人。这样的结合并没有不合适。关于中华文明，他借成吉思汗之口这样说道：

> 我给它带上锁链，同时又不禁赞美；
> 我看到它的文化，教育了整个人类；
> 我看到它历史长，人口多，勤劳精敏[24]。

成吉思汗对被他征服的民族赞不绝口。

除了以此种方式表现出对中国一贯不变的兴趣之外，伏尔泰所著哲学和历史类书籍中也充满对这个国家及其文明的赞誉。有人曾指出，伏尔泰在60多本书中谈到过中国。他尤其喜欢用中国和儒家学说来反抗天主教会。严格意义上讲，伏尔泰不单单支持无神论，更是强烈反对天主教，反对教权。他早在《哲学通信》（*Lettres philosophiques*）中就开始赞美中国了。《风俗论》（*L'Essai sur les moeurs et l'esprit des nations et sur les principaux faits de l'histoire depuis Charlemagne jusqu'à Louis XIII*）开篇两章堪称对中国的颂歌。无独有偶，《路易十四时代》（*Siècle de Louis XIV*）的最后一章也以《中国礼仪之争，这些争论如何促使中国取缔基督教》（*Disputes sur les cérémonies chinoises. Comment ces querelles contribuèrent à faire proscrire le christianisme de la Chine*）为题。伏尔泰极为珍视中国古老文明，多次用中国人的智慧来反衬高卢人的野蛮。他关于中国的知识都来源于耶稣会士，和后者一样，他认为中国人不是无神论者，而是某种理性宗教的信徒。伏尔泰是中国礼仪的捍卫者，认为中国礼仪适合所有良性社会，是礼节的巅峰。在《哲学词典》

第一章　就这样误解了中国

（*Dictionnaire philosophique*）一篇关于中国的文章中,他重述了此看法。他还在《无知的哲学家》（*Le Philosophe ignorant*）中专门辟出一章介绍孔子,用寥寥几语发表了自己的观点："中国人不迷信,也不招摇撞骗,因此不用像其他民族一样为此自责……那么这么多世纪以来,正直的中国人信仰的是什么? 那就是：尊崇天,做一个有道德的人。"谈及孔子本人："他并不说不应对他人做我们不愿人家对我们做的事：这不过是防止恶；他做的更多,他鼓励善：'己欲立而立人,己欲达而达人。'"㉕

伏尔泰曾多次提到乾隆皇帝,因为后者写诗。但他不知道在中国,诗歌不但是一门艺术,也是一种学术练习。诗赋考试一直都是科举考试中的一项。这和19世纪法国会考中的拉丁文诗歌有些许相似之处。皇帝写诗的确是一件文雅的事,但并不是为了成为诗人,这和我们想的不一样。不过在皇帝和一些军事领袖中,确实有一些杰出的、真正的诗人,比如曹操（155—220）,还有一些优秀的书法家和画家如明宣宗（1425—1435）㉖。

俄国的叶卡捷琳娜大帝（la Grande Catherine）知识渊博、见多识广,是中国文化的绝对赞美者。她命人在奥拉宁鲍姆（Oranienbaum）建了一座中国馆，还命人在叶卡捷琳娜宫（Palais Catherine）建了一个"中国村"，这座宫殿是伊丽莎白女皇为了纪念母亲叶卡捷琳娜一世而建的。她尤其认识到中国的政治制度，不像西方国家一样建立在基督教之上，而是建立在世俗道德之上，这也是她对俄国的期望和抱负。

启蒙思想家并不了解中国，他们喜欢的是从耶稣会士的书中提取出的中国形象。他们虚构出这样一个中国，并用它来反抗天主教会。

感受中国工艺品与中国文化的魅力

直至19世纪中叶，"chinoiserie"一词单指中国品位的艺术品，瓷器、漆器或绘画，与英文"china"狭义为陶瓷相类似。中国瓷器让西方人着了迷，他们不明白中国人是如何将一种泥土材料变成了透亮有光泽、声音清脆的器物。而中国人在东汉时期就掌握了瓷器的制作方法。后来欧洲人开始纷纷效仿。直到18世纪，他们终于掌握了制作瓷器的方法，晚了1000年甚至更多，不过这种事经常发生。

第一章　就这样误解了中国

西方人收藏中国工艺品，不是为了了解中国文明，而是因为这些器物珍贵奇特。买主的驱动力首先是好奇心，然后是拥有奇珍异宝的自豪感，以及从中获得的声名。

200多年来，法国人，至少是有钱的法国人，对所谓的"lachine"或"lachinage"（中国风格的工艺品）情有独钟。他们进口、购买中国器物，尤其是瓷器，还有漆器、绘画以及挂毯。他们在进口瓷器上面涂上漆或用金子做装饰，把中国画或仿中国风格的画挂在墙上，还制造中国式的四轮豪华马车和轿子。尽管亨利四世（Henri IV）和柯尔贝尔（Colbert）在法国大力发展养蚕业，但丝织物的进口也从未停止。他们不单单满足于进口，还仿制，但这种对舶来品的模仿有时比较粗制滥造。

当然，法国不是唯一一个对"lachinage"感兴趣的欧洲国家。英国也没落下，普鲁士更是打头阵，还有包括南尼德兰（今比利时）在内的荷兰：代尔夫特（Delft）白釉蓝彩瓷器直接受中国明朝瓷器的启发。在荷兰，人们可以非常自由地仿制中国的物品。在代尔夫特宣传陶瓷制品的广告牌上，可以看到坐在莲花上的观音图案，观音不仅在中国地位崇高，还深刻影响了印度人。对中国的想象不仅仅是今天这个时代才有的事。

在旧制度时期，法国国王和王室有着表率作用。这一时期的路易十四、路易十五和路易十六三位国王通过不少方式表达出对中国工艺品的品位和兴趣。路易十四命人将"特里亚农瓷宫"（Trianon de porcelaine）的屋顶和墙壁都铺上了仿中国瓷器的瓷砖。安东尼·华托[27]用"中国风"装饰了布洛涅森林中米埃特城堡（Château de La Muette）的狩猎小屋。法兰西的路易[28]、路易-斐迪南[29]、腓力一世[30]以及曼特农夫人[31]都十分喜爱中国工艺品。斯卡龙[32]给那个时代定下了这样的基调：

> 带我去葡萄牙，
> 那里能看到很多中国商品，
> 龙涎香、漂亮的漆器，
> 还有那精致的瓷器。
> 都来自那片神圣的土地，
> 来自那天堂一样的地方。[33]

第一章　就这样误解了中国

最后两句不掺杂任何幽默的语气，足以从中看出当时法国对中国的普遍印象。事实上，在法国人的想象中，中国人穿着华丽、举止高雅、生活富庶，而且被管理得很好。

路易十五在舒瓦西城堡（Château de Choisy）放置了很多中国式漆面和釉面家具。他向当时最好的画家，如布歇（Boucher）、尼古拉·朗克雷（Nicolas Lancret）和卡勒范洛（Carle Van Loo）订制了一系列异国狩猎图，特别是中国狩猎图，用来装饰凡尔赛宫的走廊；还向中国订制了带有法国徽章图案的瓷制餐具。这逐渐成了惯例：西方人缺乏真正制作瓷器的技术（直至1715年，德国人首次烧制出陶瓷），于是他们便向中国订制带有欧洲纹饰的瓷器。玛丽·蕾捷丝卡㉞有两个中国式房间，她命人为其中一个制作了绘有茶文化和茶贸易的壁板。当时的法国人并不满足于购买中国物件，他们还将法国制造的物品也改成了中国风格。在法国，人们模仿中国物品来制作漆皮或绘有中国画的家具。蓬皮杜夫人㉟也用亚洲的奇珍异品装饰自己的闺房。

路易十六格外喜爱中国工艺品，他购买了很多元朝

（13世纪）的瓷瓶。玛丽·安托瓦内特[36]也痴迷于中国风的盒子和瓷器。她在小特里亚农宫（Petit Trianon）建造了一个中英式花园和一个饰有孔雀和金龙的中国式旋转木马。法国塞夫勒[37]的瓷器制作也是仿制中国。宫廷里的所有房间，到处都能见到中国生产的壁纸。

继宫廷和国王之后，财力雄厚的贵族阶级和上层资产阶级商人也开始炫耀自己对中国及其艺术品的热爱。这也解释了为何如今无论在法国哪个宫殿，哪个部门所在地，都能看到中国的陶瓷制品，因为这些地点的主人是那个时代最常见的瓷器买主。

然而，和吸引力相伴的通常是无知：法国人分不清通过法国东印度公司进口的中国、日本甚至暹罗[38]的工艺品。所谓"东印度"不仅指中国，还包括日本以及所有其他远东地区的国家。在让·菲利普·拉莫[39]创作的歌剧《殷勤的印地人》（*Les Indes galantes*）中，土耳其人、波斯人与印加人一样多。他们显然无法将清朝瓷器和明朝瓷器，甚至元朝青瓷区分开来。值得注意的是，法国人常常将灰绿色的瓷器当作青瓷，因为在奥诺雷·吴尔夫[40]的小说《阿斯特》（*L'Astrée*）中，名叫青

第一章 就这样误解了中国

瓷绿（Céladon）的牧羊人的衣服上装饰着灰绿色饰带，不过青瓷绿其实不只有绿色，还含有白色和蓝色。不过，虽然不知道其中缘由，但法国人都知道中国人很喜欢猴子：吴承恩所著古典小说《西游记》（*La Pérégrination vers l'ouest*）的主要角色就是一只叫孙悟空的猴子。因此，猴子总会出现在法国生产的中国风绘画和挂毯上。但不得不提，这些猴子图案的主人并不知道，汉字中猴子的"猴"和侯爵的"侯"读法相同，声调也一样[41]。

流亡贵族曾拥有很多这类工艺品，但其中大部分都在法国大革命中充了公。随着众多博物馆的创立和建设，这些物件被收集起来，起初被当作装饰品，后来逐渐成为某种文明的古代文化曾被热爱的见证。这一趋势促成了集美博物馆［Musée（Émile）Guimet］的创建，该博物馆于1878年在里昂建成，1889年迁至巴黎。至少从文艺复兴开始，法国人就对古希腊和古拉丁文化有着极大的兴趣和热爱，在这样一个社会中，中国古代文明自然也颇具吸引力。

"中国工艺品"风潮一直延续至19世纪中叶。1838年，特奥菲尔·戈蒂埃[42]发表了一首非常优美的诗，题目叫作《中国之恋》(*Chinoiserie*)。戈蒂埃眼中的中国之恋是什么？是一位年轻的中国女人，美丽、智慧、富有涵养。

> 她的眼睛微微上挑，
> 小脚可握在手中把玩，
> 黄皮肤比铜灯还清亮，
> 长指甲用胭脂红涂染。
> 她把头探出窗外，
> 燕子就飞来与她呢喃，
> 每晚，她如同诗人一般，
> 将垂柳与桃花咏叹。㊸

即使在 19 世纪，中国依旧是这位法国诗人的灵感源泉。读者既不会对此感到惊讶，也不会被触怒。诗人不会因此被当作为可恶的独裁政治辩护的既犬儒又幼稚的"亲华派"。也有不少人对中国怀有和戈蒂埃同样的感情。他的女儿朱迪特（Judith）师从一位中国家庭教师，并出版了一本改写中国诗歌的诗集《玉书》(*Le Livre de* jade），不久之后又发表了武侠小说《帝龙》(Le Dragon impérial)，并得到了爱德蒙·德·龚古尔㊹和她后来的仰慕者雨果（Victor Hugo）的赞扬㊺。

第二节　殖民时代对中国的伤害与偏见

自从法国站在英国一边，并和美国一起开始了在中国的殖民之旅，它对中国的看法便发生了彻底的改变。

强盗的逻辑：我伤害你，你不许反对

众所周知，第一次鸦片战争由英国发起。英国人希望向中国自由出口英国在印度生产的鸦片。1838年，英国每年的鸦片出口量已达到2600吨，但他们并不满足于此。那时英国在英中贸易中处于逆差地位，于是，时任英国首相的第二代墨尔本子爵威廉·兰姆（William Lamb）决定在第二年以贸易自由，即以自由的名义向中国派遣一支由50多艘船组成的远征军。1842年，中英签订《南京条约》(Traité de Nankin)，这标志着第一次鸦片战争的结束，也是中国人民第一次遭受如此耻辱。

虽然购买鸦片在中国会被处以死刑，但英国人不仅获得了向中国自由出口鸦片的权利，逼迫中国向其开放了重要港口，还使香港成为其殖民地。西方人也总是把鸦片和中国人联系在一起。18世纪，鸦片作为麻醉剂开始在中国普及，到了19世纪，鸦片消费已遍布各个社会阶层，直到清朝灭亡、中华人民共和国建立，这种情况才得到了有效遏制。[60] 20世纪90年代，毒品（大麻、海洛因和摇头丸）又在中国卷土重来。与19世纪的鸦片不同，这类毒品来自阿富汗、缅甸、泰国和老挝，而不是印度。但与曾经的帝国时期相同的是，持有一定量的毒品会被判死刑。

第二次鸦片战争于1860年爆发，因此人们常将法国参与此次战争一事与拿破仑三世（Napoléon III）联系在一起。但其实法国早在1844年路易·菲利普一世（Louis-Philippe）时代就已侵略中国，该年中法签订《黄埔条约》（*Traité de Huangpu*），法国（及美国）获得了与英国从《南京条约》中攫取的相同的特权。法国趁此机会在上海得到了重要的租界，后在武汉、广州和天津也开辟了法租界。法国人给上海一些街道的命名清楚地显示了他们的不

第一章 就这样误解了中国

现实：现在的淮海路，上海最主要的商业街之一，命名来源于解放战争中一场决定性的战役，此次战役向人民解放军打开了上海的大门。这条路曾被命名为霞飞路㊼。贝当路㊽也是如此。这样命名一座中国城市的街道是多么轻率和无知！曾经，耶稣会士到达中国的第一件事就是脱掉长袍换上汉人的装束，然后开始学习汉语，这样的时代已经很遥远了。19世纪，和英国不同的是，相比于贸易，法国对天主教会在全世界的扩张更有兴趣。通过不断向外交大臣施压，法国从道光皇帝那里获得了诏书，允许外国神父在中国境内活动（但仅限《南京条约》和《黄埔条约》所涉及的通商口岸）。和之前听命于皇帝的耶稣会士相反，这些神父并不满足于已开放的口岸，冒着风险深入到了帝国内部各地。

1856年，一名法国神父因违反条约、私自进入中国内地活动而被判死刑，法国以此为借口，和走私货船被广东当局扣押的英国站在了一边。法国没有直接参与鸦片贸易，而是一直从《黄埔条约》中获取利益。尽管如此，1858年英法舰队北上天津并扬言要武力进攻北京，在英法联军的威逼恫吓下，中国分别与英、法以及美、俄签订了《天津条约》，该条约向诸列强开放了所有通商口岸，并允许外国商船在长江各口岸自由航行。然而，西方各国对这样的退让与妥协并不满意。英法两国加强其海陆部队，于1860年4月正式向中国宣战，并于9月初占领天津。咸丰帝在中国军队与英法联军几次交锋之后逃离北京，北京自此无人防守。英法联军于是攻入北京，并计划摧毁紫禁城。同年10月17日，发生了影响中法两国关系的大事：火烧"圆明园"（Jardin de la clarté Parfaite）。

圆明园面积曾达350公顷，有众多园林建筑，这些园林勾画了中国不同地区的风景，还有一些让人想起经典诗歌中的画面。但英法联军对此毫无了解，也无法发现其中的艺术价值。18世纪初以来，这里聚集了大量文物。

19世纪末，这座园林部分重建，我们今天才得以漫步于此。圆明园是北京游客最多的景点之一，但目前面积只有30公顷。与英法联军火烧圆明园相反的是，这座夏宫的设计者正是精通园林水利的耶稣会士郎世宁（Giuseppe Castiglione）和蒋友仁（Michel Benoist），他

第一章　就这样误解了中国

们奉乾隆之命设计了这座园林。其实，英法联军入侵圆明园的目标并不是这座园林本身。那时中国军队已从北京撤退，圆明园中只剩下一些太监和皇帝的一位嫔妃。英国军队将这位嫔妃的宠物狗带回英国并献给了维多利亚女王，女王非常高兴，命人为这只狗画了画像：这就是哈巴狗㊾。法国军队大概有8000人，都在库赞·蒙托邦（Cousin-Montauban）将军的统率之下。这位将军是谁？野蛮人？还是蠢货？都不是。按主流社会标准，身为将军之孙，他有着极好的出身，是一个"好"人。蒙托邦耀眼的军旅生涯开始于百日王朝㊿期间的流亡保王军（Armée des émigrés），这意味着在波旁王朝复辟时期（Restauration）得到晋升没有任何难度。他参与了法国对阿尔及利亚的远征，并作为总司令被派去远征中国。虽然此次师出无名的军事行动毁灭了一个建筑杰作，但在法国没有人为此谴责他，只有雨果除外。在著名的致巴特勒上尉的信中，雨果用自己的方式讲述了火烧圆明园一事：

有一天，两个强盗闯入了圆明园，一个强盗洗劫,另一个强盗放火。看来,胜利女神可能是个窃贼。对圆明园进行了大规模的破坏,由两个战胜者分担。……

如果把我们所有大教堂的所有财宝加在一起,也抵不上东方这座了不起的富丽堂皇的博物馆。园中不仅有艺术珍品,还有成堆的金银制品。丰功伟绩,收获巨大。两个胜利者,一个塞满了口袋,这是看得见的,另一个装满了箱子。他们手挽手,然后勾肩搭背,笑嘻嘻地回到了欧洲,这就是两个强盗的故事。

我们欧洲人,我们是文明人,中国人对我们是野蛮人。这就是文明对野蛮所干的事情。

在历史面前,这两个强盗,一个将会叫法国,另一个将会叫英国……

法兰西帝国吞下了一半的胜利果实,今天,帝国竟然带着某种物主的天真,把圆明园富丽堂皇的破烂陈列出来。……我希望有朝一日,解放了的干干净净的法兰西会把这份赃物归还给被掠夺的中国。[51]

第一章　就这样误解了中国

雨果期盼的这一天终究没有到来。

对中国的掠夺是再自然不过的事。圆明园遭遇劫掠40年后，皮埃尔·洛蒂㉜带着使命向北京进发，当时的慈禧为了消灭义和团转而向西方列强寻求帮助。洛蒂对北京的光景感慨不已，并以此为题写了《北京的末日》（*Les Derniers Jours de Pékin*）一书，还将800公斤奇珍异宝带回了法国。这些珍宝被洛蒂藏在他位于罗什福尔（Rochefort）住所里的"中国厅"内，他还和一个扮成中国皇后的年轻越南女人举行了盛大的招待会以庆祝此事。一方面，洛蒂用冷峻的笔触描述了1900年法国士兵入侵紫禁城，打砸抢烧落入手中的一切的行径，但另一方面，他的行为和掠夺者并无二致。

火烧圆明园有些类似于德国人在占领时期㉝破坏卢浮宫和巴黎圣母院的行为：没有任何军事目的，单纯为了毁灭其伟大的文化象征，从而侮辱被侵略的民族。

法国人想象不到这件事给中法关系带来了多么严重的伤害，今天仍能找到痕迹。圆明园中数不尽的中国珍宝被英法联军洗劫一空。如今有一些收藏于法国博物馆，但大部分落入了私人手中，甚至会被出售。买主通常是中国有钱人，他们辨别出被掠夺的中国文物然后高价收回。我们不但从中国人手中抢走了这些宝物，还要让他们重新买回。2009年，取名不佳的佳士得拍卖公司（Christie's）（或者说得难听一点，太会取名）在巴黎大皇宫（Grand Palais）举行皮埃尔·贝杰（Pierre Bergé）与伊夫·圣罗兰（Yves Saint Laurent）艺术品珍藏专场拍卖会。有几件从圆明园掠夺来的中国文物由一位中国收藏家拍下，其中一些估价超过百万欧元。但这位收藏家事后表示不会付款，拍下这些文物只是为了揭发1860年英法联军抢掠中国文物的行为。一个半世纪过去了，不论其社会地位、财富状况、政治立场如何，中国人从未忘记这一切。

法国参与第二次鸦片战争一事，以及法国士兵在中国的所作所为都能说明法国人是怎样看待中国以及中国人的。这样的举动在17、18世纪简直无法想象。1724年，当雍正帝将所有基督教传教士都逐出中国时，法国并没有像其他欧洲国家一样动用武力进行抗议，伏尔泰甚至对此表示称赞。雍正之后的一个世纪里，只有一个以远征天津、北京为目标的天主教神甫被驱逐。

第一章　就这样误解了中国

法国第二任驻华大使艾蒂安·马纳克（Étienne Manac'h）对中国的态度能够代表法国人。1969年，赴北京任职的马纳克在飞机上读了一本书，作者是加斯东·唐纳特（Gaston Donnet），1901年法国《时代日报》（*Temps*）在华通讯员，一位非常受人尊敬的记者。这位记者在书中描述了他跟随的一队法国士兵的所作所为，马纳克引用了这段文字："偶尔有几个没逃走的搬运工，他们匆忙把箱子都收在一起，我们便用战争时期的货币，即棍刑抽打他们作为回报。我常常能看到其中有一个老人，他留着一小撮山羊胡，眼里含着脓血，颤颤巍巍，身形瘦削，骨头透过身上一层薄薄的蓝色棉布衣服凸了出来。这个孱弱的老人扛起一个箱子，但箱子太重把他压倒在了地上。一个士兵对着他扬起了手中的牛筋鞭子：这个顺从的人一动也不敢动。鞭子落下：他没发出一点声响。但他的双眼，悲伤又疲惫的双眼在求饶。鞭子不停地落下。他再也扛不住了，任由其鞭打，重重地倒在了泥沙里。士兵觉得累了，将他扔在了那儿——他死在了那里，可怜又愚蠢的中国人。"唐纳特对此做出了公正的评论："施暴者是个法国士兵，但旁观者身为一家大型自由派日报的记者,并没有上前向一个求饶的蝼蚁般的人、一个'愚蠢又可怜的中国人'伸出援手。而记者的报道本身就是一种额外的鞭挞。"⑭

凭空炮制的"中国威胁论"

在法国人的态度变化之外,殖民活动也证明了法国对中国的偏见。

殖民的真正目的众所周知,主要出于经济原因:商品贸易、奴隶贸易、低价买入原材料、高价卖出制成品等。殖民者亲口说出了殖民中国的原因:英国希望先卖鸦片,然后在中国所有港口自由买卖所有商品。中国政府被迫与美俄两国签订条约,法国有着相同的目的:开放港口、自由通商、开辟租界以随意展开活动。

上述经济动机虽然已经昭然若揭,但仍需披上道德和意识形态的外衣。从 16 世纪到 18 世纪,在这 300 多年间,欧洲国家一直奉行宗教至上原则,即基督教至上。基督教的传播极为重要,不信仰基督教的民族是不幸的。殖民因此被当作一种善行,因为它把西方人所认为的幸福,即认识真理和天堂之路带给了被殖民的民族。19 世

第一章　就这样误解了中国

纪宗教才退至"文明"身后。欧洲民族是文明的,被殖民的民族却恰恰相反,他们粗暴又野蛮。欧洲人给他们带来了文明,也带来了幸福,正如欧洲人在第二次世界大战之后为其带来了其政治哲学:民主和人权。现代人认为这种政治观念围绕普世价值观而建,这和我们的祖先曾经认为基督教可以拯救世界,文明是普世的恩惠一模一样。然而,欧洲人最终认识到在中国大规模传播基督教是不可能的,也明白了一旦涉及文明,他们没有对中国人指手画脚的资格。在非洲大陆的那一套在中国是行不通的。关于文明,中国人无需向任何人请教。他们拥有世界上最古老的文明,虽然与西方文明不同,但却十分精细。中国的思想、文学、诗歌、艺术,不论从数量、丰富性还是从美感来说,都不必羡慕欧洲。更何况欧洲人对中国文明的热爱持续了两个多世纪。

因此,要想将殖民中国合理化,此路不通。

最有力、最常用的首要理由就是中国危险论。最主要的危险:中国人很多,非常多,太多了。

在法国,"黄祸"⑤一词于1901年出现。经济学家艾德蒙·泰里(Edmond Théry)以"黄祸"为题目写了一本书，他在书中说明此灾祸不是指武力侵略，而是指经济。关键理由一如往常，即中国人口过于庞大。1909年，布朗热将军（Boulanger）的女婿埃米尔·德里昂（Émile Driant）以笔名德尼特上尉（Capitaine Danrit）出版《黄种人的入侵》（L'Invasion jaune）一书。他在书中提到和一位法国众议员的谈话，其中这样说到"黄祸"："形势非常严峻，中国正处于迅猛发展中，已经做好了随时向欧洲发起战争的准备……将会有上百万强壮、朴实、狂热、不知疲倦的中国人……他们不怕死，因为他们相信灵魂的永生。他们顽强地反抗白种人，至少反抗那些瓜分其祖国、盗掘其陵墓的白种人。先生们，沉睡了几个世纪的狮子如今已经苏醒，不论你们希望与否，都要直面这一可怕又全新的危险。……长达6个世纪的沉睡之后，亚洲要重新征服欧洲。此时此刻，我所担心的不是已经失去的殖民地，而是我们的法兰西。再遥远的距离也保护不了我们的国家，你们可明白[56]？"

将中国人和匈奴人混为一谈也很常见。

1910年，杰克·伦敦（Jack London）出版小说《空前的入侵》（The Unparalleled Invasion），再次以中国

第一章 就这样误解了中国

人入侵西方为主题,语调严肃,但少了几分敌对。马克·吐温(Mark Twain)以模棱两可、既包容又挑衅的口吻描写了移民美国的中国人。道耶尔(C. W. Doyle)对中国的反感更加明显,他将小说人物穹龙(Quong Lung,让人不禁想到乾隆皇帝)塑造成了洛杉矶唐人街一个可憎的地头蛇。欧洲要为殖民找借口,而美国也要为种族主义反华找理由。美国的反华情绪主要始于大批来加利福尼亚金矿,用劳动换取低廉薪水的中国人。但我们也要注意,这些作家虽然无视中国人并公开以种族主义为创作主题,但他们不是极端主义者,而是公认的杰出作家,是受人尊敬的、西方现代文化的推动者。

在整个西方,威廉二世㊼首次使用"黄祸"(gelbe Gefahr)一词,他看到了亚洲对西方文明的威胁。他曾向即将出发镇压1900年义和团运动的士兵们下达命令,不收俘虏,被俘获的中国人一律处死。下达这般命令的理由:中国人的残暴。

"黄祸"的出现显示出西方人对中国的无知:他们担心中日联合,担心日本会促进中国的现代化,担心中日会同时成为经济、军事的超级大国。他们完全不了解中日关系的漫长历史，才会想象出这种可能性。

　　同一时代，具体来说在1898年，英国作家马修·菲利普·希尔（Matthew Phipps Shiel）出版《黄色危险》（*The Yellow Danger*），主要描写两个德国传教士在中国被杀一事。盎格鲁—撒克逊国家更常使用"黄祸"的英文译法"yellow peril"。20世纪初，中国移民潮导致这一思想盛行于美国。自19世纪50年代起，美国人便将中国移民当作廉价劳动力使用并从中获益。中国人常被比作一窝蚂蚁。时间更近一点，法国某位总理提到日本人时也用了该比喻。这类种族歧视的行为丝毫不会有遮掩。黑人和阿拉伯人是"野蛮人"，没有文明；要通过殖民给他们带去文明。中国的危险在于其庞大的人口，因此要通过殖民以防止他们成为威胁。

　　因此，为了避免中国人成为我们的主人，就要成为中国以及中国人的主人。没什么比这更能说明这是一种凭空想象的偏见：几百年来，欧洲人征服了或试图征服其他国家和民族，但中国人却从未这样做过。历史上中国曾有过征服其边境地区的尝试——法国为了在现在的边境地区站稳脚跟也做过同样的事。但中国从未侵犯过

第一章　就这样误解了中国

本国以外的地方,也从未殖民过其他任何民族。

在"黄祸"论中,不只有中国人口被西方人所诟病。还有一些归在中国人身上的特点:奸诈、残暴、邪恶。就这样,"chinoiserie"这个长期指中国风格的艺术品或物品(《利特雷法语词典》中只有这一个含义)的单词,逐渐有了其他含义:古怪——如为了表达"使中国化"和"挑剔的、苛求的"之意,巴尔扎克在1841年创造了"chinoiser"[58]一词。直到19世纪末,"chinoiserie"才像今天一样,用来指复杂、反常又虚伪的话语或诡计。《拉鲁斯词典》这样解释该词:"过度繁琐让人厌烦"。被派往中国的海军之中也出现了俚语"chinetoque"[59],后缀"-toque"来自形容词"toqué"[60]。

说到中国人的残暴,不得不提英国作家萨克斯·罗默(Sax Rohmer)。1913年英国出于政治原因支持"西藏独立",自该年起,罗默以傅满洲(Fu Manchu)博士,一个狡猾又残忍的中国人为主角出版了约15本小说。该系列小说获得了巨大的成功,并被改编成多部电影。

偏见有时会变为极端种族主义。比如,上海法租界的公园有中国人与狗不得入内的告示[61],这和南非种族隔离时期，南非的荷兰裔白人对当地黑人的所作所为一模一样。

这样的大环境中也有一些例外。比如在 20 世纪的法国，明智的维克多·谢阁兰[62]、保罗·克洛岱尔[63]和亨利·米肖[64]已经着手从事中国问题的研究了。克洛岱尔的外交生涯使得他在中国待了 15 年左右，也让他彻底爱上了中国。"我是多么地喜爱中国！有这么一些国家，我们一下子接受它们、支持它们、选定它们，对待它们像对待女人一样，好像我们为彼此而生！中国……我怀着乐趣、惊叹和全面的称赞沉醉于此，没有任何异议！"[65]他在残酷的慈禧时代爱上了中国并一生痴迷于这个国家，这和法国当代作家完全不同。这些人在中国风行一时的时候喜欢中国，又在传统观念重占上风的时候转而憎恶中国。谢阁兰在前往中国之前就开始学习中国古典语言了，他在华居住多年，在此从事考古学研究，尤其是关于陵墓的研究。热爱中国和中国文化的谢阁兰将自己的一本诗集题名为《碑》(*Stèles*)，中国人在石碑上写诗或者其他类型的文字。该诗集的形式参照中国人建造的石碑，不同座向的碑有不同主题的诗：爱情、友情、皇帝以及战争[66]。米肖在不久之后，即在20世纪30年代发现了中国。他早先被中国文字、书法吸引，其形式独特，书写抽象而不象形，又不失意义。谢阁兰、克洛岱尔和米肖一样具有创新精神。米肖在程抱一[67]和赵无极[68]的影响下对中国古典文化也有不少了解。

然而，这些为洗白殖民而捏造的偏见并没有随着殖民结束而消失。除安地列斯群岛、印度洋和太平洋的一些岛屿以外，法国在阿拉伯国家和撒哈拉以南的非洲都没有殖民地，不过这些岛屿不属于殖民地，而是并入了法兰西共和国，并享有投票权和社会福利。但是，法国人对阿拉伯人和黑人的种族歧视依然存在。我们至今仍无法想象，黑人可以像在美国一样在法国成为共和国总统。尽管第二次世界大战以后中国境内的法租界就已不复存在，但那些为了得到特许权而凭空捏造的成见并没有消失。

第三节 当代中国到底招惹到了谁？

经过三年多的内战，中国共产党开始上台执政，中国自此成为社会主义国家。该身份招致法国所有反共人士的怒斥：这其中不仅有聚集了近一半法国人的右派，还有一部分"非共产主义"左派，占据了法国人中的大多数。他们认为批判共产主义远远不够，还要把它当成最可憎的敌人来战斗。社会主义中国已经成为西方的敌人，我们不能与其建立任何外交关系。直到20世纪70年代，西方国家仍在遵守该准则，只有于1964年承认了北京政权的法国是个例外。

美国政府接受和中国大陆建立外交关系后，对其言听计从的盟国也紧随其后。20多年来，这些国家因为中国政权的共产主义特性拒绝与其建交，然而涉及其他国家，如苏联和东欧人民民主国家时，这一要素并没有成为阻碍。为何要区别对待？因为这些东欧国家不属于亚洲，而属于欧洲。但中国，是一个亚洲国家，因此我们的态度要强硬、要更难对付一点。至于大西洋主义与反华之间的关系，戴高乐将军曾这样评价欧洲国家关于法国承认新中国一事的态度："这是典型的奴才行为，一想到会让主子不高兴，他们就怕得发抖，但又乐于看到有人跟他们反着来（法国承认北京）。狗腿子！他们从不会在面前表现得很顺从，而是在背后做怪相[①]。"

第一章　就这样误解了中国

不过，我们可以、也应该自问对社会主义中国了解多少。

首先，中国为什么于1921年成立了一个共产主义党派，即从马克思主义发展为马克思列宁主义的政党？虽然在欧洲，我们阅读卡尔·马克思（Karl Marx）的著作时会赞同或否定其观点，但我们在和一个精通西方文化的人打交道。马克思在其作品中很自然地提及埃斯库罗斯⑳、但丁、莎士比亚以及巴尔扎克，还有英国经济学家、德法哲学家，几乎囊括所有我们熟知的作家。他的博士论文以德谟克利特（Démocrite），一位古希腊古典哲学家为主题。然而对于中国人，马克思只是一个外国思想家。换句话说，在中国创立马克思主义政党，差不多等同于在法国成立一个以庄子思想为基础的政党。庄子是一位杰出的思想家，但对我们来说完全是陌生的，只有很小一部分法国人读过他的著作。如果有法国人有这样的想法，他会被当成一个怪人或一个傻子，没有任何成功的可能。

那么，1921年7月1日，中国人为何要创建马克思主义政党？

首先，中国共产党的创建者是谁？知识分子、学生和教授。中共一大的参加者除国际共产主义派来的两名代表外，还有13名中国代表，他们代表着全国53名党员。至1925年，党员有一千多人。其中的湖南代表毛泽东在当时并不是领袖人物。但他始终是一个孜孜不倦的读书人。基辛格（Henry Kissinger）在讲述1972年2月尼克松和毛泽东的会晤时，也是这样评价他的。㉑两年前，最后一次来华时受到毛主席接见的埃德加·斯诺（Edgar Snow）也做出了同样的评价，这次访华之旅在中美两国即将迎来的邦交正常化中留下了重要的一笔。㉒

中共一大在上海召开，早期主要人物有李大钊和陈独秀，前者是中国最早、最坚定的马克思主义者。1919年"五四运动"的代表陈独秀虽然身在广东，但在本人缺席的情况下被选举为中央局书记。实际上，为了创建中国共产党，聚集在李汉俊位于上海贝勒路家中的知识分子并不怎么关心资本主义批判、阶级斗争和无产阶级专政，他们对俄共发动革命并夺取政权的方式更感兴趣。更何况他们仍活动于1919年"五四运动"的余波中。"五四运动"爆发于北京一些高校，是一场反西方反帝国主义的运

第一章　就这样误解了中国

动，目的是反对盟国将德国在山东的特权转让给日本这一决定。那时还有可以抗争的事情。战败德国显然失去了在山东的特权。当时有两个可行的办法：将德国在山东的租借地及特权还给中国，因为自1917年8月起中国便是战胜方协约国的一员；或者用殖民思维思考，各列强尤其是英法重新瓜分德国在山东的各项权益。然而盟国更进一步的做法暴露了对中国的无知与蔑视：他们将山东的特权交给了日本。日本是中国几个世纪以来的敌人，并且在1894—1895年甲午中日战争和《马关条约》以后占领了台湾。"新文化运动"规模更大范围更广，"五四运动"使新文化运动的发展达到了高潮，后者认为文人传统、儒家学说是保守主义和反动势力的重要形式。"五四运动"开始于北京的学生游行，上海、南京和天津的学生紧接其后，随后工人罢工以表示支持，一些积极分子也决定抵制日货。

中国共产党的创始人最为关心的是国家利益：怎样才能让中国重获力量和尊严？中国自第一次鸦片战争之后就已衰落。1911年的辛亥革命并没有让它重新振作起来，反而起了反作用。清政府被推翻以后，中国遭遇了前所未有的分裂。各大军阀在他们的地盘占山为王。

1920年7、8月召开的共产国际第二次代表大会讨论了"民族和殖民地问题",这一议题将社会主义革命与被殖民民族收回失地问题相结合,我们可以将其解读为支持甚至帮助被压迫民族的解放。中国青年创立共产党,不止为了拥护马克思主义的意识形态,更是出于对民族利益的考量。然而,西方人只要听到"共产主义的",就会将其理解为"俄国的",继而理解为"苏联的,苏维埃的",也就是"敌人"。实际上,中国共产党和俄共、苏共之间的关系复杂多变,远不是永远无条件支持的关系,也不是绝对的同盟关系。从1926、1927年开始,尤其在1927年之后,中国共产党开始转向农村。毛泽东早在大多数同伴之前就明白,在中国,无产阶级不革命没有胜利的可能,中国共产党只有在广大农民中才能找到坚实的群众基础。从70年代开始,殖民偏见和固执盲目的反共情绪的叠加,成为法国人对中国态度的主要决定因素。我们从来没有为认识和理解中国做出努力,而无知和敌视却因此愈演愈烈,毫无障碍。中国人口多,很多,太多了。其经济发展会造成威胁,经济衰落也会造成威胁。中国经济的增长加剧了这种威胁,但增长的停滞又将导致新的经济、社会层面的困境,同样会使威胁扩大。这种偏见也延续至今。

第二章　找到看中国的正确姿势

有必要弄清楚，为什么我们——或我们中间的大部分人——总是以一种非常苛刻的，甚至是扭曲的眼光去看中国。到目前为止，我们只是探讨了一些相对表面的原因，我们也有必要了解为什么这些浅层因素会有着不断深入的影响。正如今天人们常说的那样，多数人总是认为价值观应该是普适的，不赞同这些观点的人便是与谬误为伍，甚至被认为是思想异类。

第一节　西方是什么：西方观念与西方视角

西方人的普遍性观点主要来自两大源头：一是来自

古希腊，或古希腊—罗马文明；二是来自基督教文明。古希腊思想与衍生自犹太文明的基督教构成了西方文明意识形态的基础，除此之外，西方文明再无其他源流。诚然，它的发展既归功于自身的不断演进，同时也承受着一些外部影响的冲击，然而即便是最现代的哲学思潮，也无一例外，总是无法脱离古希腊哲学与基督教的范畴。这种哲学与这个宗教的影响力不断地延续，从未被超越，也从未被替代。了解古希腊思想与基督教思想是追本溯源的关键。

古希腊的源头：不强加于人是美德也是传统

对于古希腊人来说，普遍性原则不仅是科学的本质属性，某种程度上也是哲学的本质属性。当一位古希腊数学家发布一条数学法则时，他不会声称这是一条只适用于希腊人的法则，而是将它当作一条放之四海皆准的通用法则。且对于古希腊人来说，任何一条在数学领域里有价值的法则，在其他科学领域里也同样适用；尽管事实上，他们在除了数学以外的其他科学领域，并未看到有什么具体建树。查其原因，不是因为他们没有努力

第二章　找到看中国的正确姿势

地尝试过，相反地，他们对于天文学、物理学，以及任何自然科学都充满了探索的欲望，只是在这些科学领域里取得的一些成果，在日后都被证明是伪科学。不过它们同样被作为具有普世价值的经典，载入科学条款之中，只是民族的特性被忽略了。

在某种程度上，哲学领域也是如此，只是不像科学领域那样绝对。从前苏格拉底学派一直到新柏拉图主义之间，先后出现了柏拉图、亚里士多德、伊壁鸠鲁、斯多葛等学派及其他种种纷繁的思想，古希腊哲学的多样性使它无法宣称只有一个唯一的真理。尽管如此，没有任何一位古希腊哲学家仅仅希望在他的同胞间宣传他的思想；也没有任何一个希腊人以将柏拉图主义、亚里士多德主义或是由任何一位希腊人提出的哲学思想传播到全世界作为己任。古希腊人从不在科学或哲学以外的领域追求普遍性。比如在政治领域，公元前5世纪，雅典人（注意不是所有希腊人）采用了一种他们称之为"民主制"的政治制度，这个民主制的内涵与我们今天所说的民主制的内涵是大不相同的。四十多年间，雅典人深知这种制度受到了大部分——但并不是全部的——公民的支持，意识到这是最适合雅典人的政治制度，可是他们却从未想过要将这一新的政治制度推广到全世界，甚至未想过将其推广到整个希腊。在他们看来，这种只适用于雅典城邦的制度只属于雅典人。一个世纪以后，当马其顿的亚历山大征服了地中海盆地东部地区及至波斯、阿富汗和印度时，他非常注意尊重被征服地区人民的风俗习惯。当然，他也想为当地人带去一些希腊文明的元素，特别是语言，但是也仅限于此。

罗马人在创建与管理自己的帝国时，采取的是相同的方式。他们甚至不愿意强迫那些说希腊语的族群改说拉丁语。在宗教上，仅仅是出于政治上的考虑，他们要求被征服地区的人们信仰皇帝，不过默许他们可以同时信仰自己的宗教。无论何时，他们都从未想过要打击任何一种宗教，除非这种宗教有一家独大的趋势：这也是为什么罗马人一开始就打击基督教的主因。至于对皇帝的信仰，罗马人明白这是出于政治目的而非宗教目的的考虑，所以他们也从不认为应该将这种信仰推广到帝国以外的其他地域。这种信仰只是帝国扩张的产物，不是帝国扩张的动机。罗马人在让他们的臣民信仰自己的宗

第二章　找到看中国的正确姿势

教这点上非常注意。朱利安皇帝甚至曾经决定在耶路撒冷重建以色列教堂，只是这个计划因迷信而未能成形：据传说，以色列教堂在破土动工的那一刻，突然响起了象征厄运的惊雷。罗马人唯一打击迫害过的宗教就是基督教，因为基督教唯我独尊，不承认宗教自由。亚历山大建立的帝国，随着皇帝的死而烟消云散，然而从共和国时期在亚平宁半岛的南征北战算起，罗马帝国竟然已经延续了六个世纪。一开始罗马人的政治影响力只是殖民性质的，以后才逐渐内化于那些依附过来的国家之中。

宗教上，雅典人从来未设想过要将对雅典娜的崇拜强加于任何人。尽管万神庙是向所有人开放的，宗教事务在大部分情况下只属于各个城邦，属于在政治上独立的团体。

基督教的源头：从根本上并没有政治诉求

我们对于普遍性的追求与向往，真正起源于基督教。事实上，基督教是宗教史上第一个呼吁一统的宗教，之后才出现了诉求相同的伊斯兰教。犹太教是民族性宗教，仅在少数几个地区和很短暂的一段时间里，曾试图将其他教的信徒拉拢过来，比如在公元初的西班牙南部、北非和中东地区，在公元8世纪的里海沿岸直到乌克兰的可萨帝国，德系犹太人便是从那边过来的。摩西五经与犹太教法典也允许这些地区的信徒皈依。然而，犹太教中绝没有如使徒传教或伊斯兰圣战般的存在，从完整历史的发展来看，它就是一个民族性的宗教。这就解释了为什么朱利安大帝同情犹太人，也为当下犹太复国主义提供了论据。

无论是犹太人还是异教徒，都可以倾听拿撒勒的耶稣的教诲。塔尔斯的扫罗（皈依后更名为保罗）创立了一套与普及基督教相关的恩典理论，它对后来的希波的奥古斯丁及杨森教徒产生了很大的影响。在保罗看来，世上没有所谓上帝的选民，任何人同犹太人一样可以蒙受上帝——不知出于什么原因——向人们降下的恩典。没有人能够知晓上帝降恩的原因，尽管这一观点与新约上广为流传的说法——人们可以通过行动达到善工得救——是相违背的，对于塔尔斯的扫罗来说，这仅仅是为了说明世上任何人都可以接受上帝的传教；而且使徒与他的继承者们心中只有一个目标，就是让更多的人皈依基督教，无论他们出身为

第二章　找到看中国的正确姿势

何处。

公元4世纪起，普及基督教成为一种绝妙的政治手段。康士坦丁大帝害怕难以维持帝国的统一，担心北方已被基督教化的蛮族无法很好地融入帝国统治；他在基督教、特别是在天主教堂里找到了化解民族多样性威胁、保证帝国统一的方法，于是就有了皇帝的皈依和对基督教徒的再集结。公元325年召开的第一次尼西亚公会议正式确立了教堂与政权的联盟，由此开启了君权神授的时代，即皇帝既是一国之主也是教徒。以色列的国王被称为"弥赛亚"或"梅西"，意为"被上帝涂过圣油的人"，虽然他实施统治的权力范围仅仅在以色列内，然而在一个追求普遍性的宗教里，神所能赋予帝王的权力大得多了。

从16世纪到18世纪，具有宗教、殖民、商业三重目的的十字军东征算起，欧洲国家进行了无数次殖民扩张并传播基督教，想实现宗教大一统的意图非常明显，令人瞩目。梵蒂冈不止一次参与到远征之中，为扩张做准备工作，并从远征中获得好处。然而只身前往中国的教士们却收获甚微。18世纪伊始，教士们甚至被中国政府彻底地驱逐了出去，直到英国人与法国人通过鸦片战争打开中国国门的时候，教士与牧师们才纷纷重返。至少他们在西方国家的租借地里，不会受到任何的非议或迫害。

如果我们仅仅将基督教对西方社会的影响局限在天主教堂、新教教堂等场所或教士、牧师与基督徒之间，则未免大大低估了这一宗教的影响力。在那些将基督教立为国教的国家里，宗教的力量已远远超出了信徒领域。18世纪，共济会在美国独立战争与国家立宪中扮演着重要角色。共济会的会员中有无神论者，也有基督教徒；有些虽然是教徒，却反对教会干预公共事务。在法国，共济会①对法国大革命也有重大的影响。从现代法国的诞生到拿破仑复辟，无论这些共济会会员与教会的关系变成什么样，在思想上，他们始终是深受基督教影响的，一直到第三共和国时期，领袖们依旧是如此。

能够说明基督教影响力的另外一个例子是民主制。从最初的设计到后来的实践，民主制似乎都不是基督教的产物，尤其是在法国，天主教格外反对与民主制相关的机构和组织；然而尽管支持民主制的许多人与基督教

第二章　找到看中国的正确姿势

并无关系，失去了基督教影响的民主制是不堪设想的。雅典民主制实质上是一种扩大化的贵族政治，占一半人口的妇女被排除在外；占人口 20%—30% 的奴隶，以及许多居住在雅典的外乡人也不算在内，能够加入雅典民主制的选民大概也只占总人口数的 20%。而我们今天所说的民主制，实际上是一种基于全体公民权利平等的制度。公民之间人人平等的这一具有革命性的思想，实际上来自于拿撒勒的耶稣，此前从未有人提到过。根据《妥拉》②的说法，男人与女人、以色列人与外乡人、自由人与奴隶之间，甚至在每七年释放一次的犹太奴隶与卖到死契的外国奴隶之间是完全没有平等可言的。利未之派隶属于上帝，与其他部族之间也存在着极不平等的关系。在与基督教文明相对的古希腊罗马文明里，人与人之间根本不存在平等。如果我们与亚里士多德或柏拉图讲人人权利平等，他们是不会理解这层意思的。然而当天主教会与政权结合起来的时候，不仅为政权提供了十分有力的支撑，同时也有助于基督教思想的推广。耶稣提出的平等思想缓慢地渗透到社会与政治当中，这其中，许多人人平等思想的支持者都不是基督徒。可见在西方，基督教的影响力远远超过了信徒的界限。

　　死刑的废除也与拿撒勒耶稣的教诲有着直接联系。《妥拉》——与十诫[3]中的旨意相反——认为死刑至少可以被应用在 69 种情况下，包括侮辱上帝、与在生理期的女人发生性关系（合法妻子也不行）、反抗父母等。在古希腊罗马社会，死刑视情况而定，原则上不受到争议。在柏拉图版本的《苏格拉底的申辩》与色诺芬版本的《苏格拉底的申辩》里，出于对苏格拉底的绝对尊重，两个人都分别反对对苏格拉底执行死刑，但是他们并不反对法院对应受这种惩罚的人执行死刑。拿撒勒的耶稣禁止人们以任何理由杀人，这一点无疑是参考了旧约中的十诫。与《妥拉》不同的是，新约中确实没有一处提到过死刑；最严重的惩罚仅仅是将有罪之人在死后驱逐出上帝之城。如今，在西方国家，即使是死刑的支持者也不再为它的原则进行辩护；他们认为这是当今社会状态下的一种必要的不良手段，总有一天会随着社会的进步被废除。

　　从 4 世纪起，拿撒勒的耶稣被奉为上帝。基于我们所探讨的话题，重要的不是耶稣的话语，而是这件事的

第二章　找到看中国的正确姿势

本身。散见于福音书与使徒信件中的耶稣话语，耶稣的话语成为上帝的话语，人们可以评论、阐释上帝的话语，却不能驳斥它。这套话语适用于任何人，无论听众是谁，身在何处；然而只有基督徒，在死后才能前往上帝的国度（这种表达，之后逐渐被"天堂的呼唤"所替代，后者显得更加形象且吸引人），才能避免堕入——为没有信仰的人所建造的——地狱（"地狱"一词也是后来出现的）；正因为如此，推广基督教的意义在于让全人类得到幸福，甚至是获得永恒的幸福。

然而根本上，基督教并不是一种政治宗教。相反，它本来不带有任何政治诉求，只是因为提出了一套伦理准则，被外延后随之扩大了，并有被不断扩充的可能。另一方面，基督教从4世纪起开始与政治关联起来，因此，需要很长一段时间来处理宗教与政治结合的问题。普遍化的逻辑被扩展，渗透到了基督教之外，在文艺复兴时期的意识形态革命中发挥了作用，而文艺复兴又将古希腊罗马的精神遗产重新融入欧洲人的思想当中，以此来平衡基督教文明的重量。新教革命也未摒弃这种逻辑——在这一点上倒是与它的源头一脉相承。笛卡尔理性主义与启蒙哲学也分别有自己的普遍性逻辑。在政治领域，1789年发表的《人权和公民权宣言》是一项国家级的文案，更是一个值得效仿的文案，这项宣言至今还是我们共和国的一项宪章。拿破仑征服欧洲号称也是大革命的成果，然而最终却以恢复了欧洲古老的封建制度而收场。共和主义者以自己的方式继续这场斗争直至1948年，终于，联合国以推广的态度肯定了《人权宣言》。58个国家签署了这份文件，其中有40个国家是基督教国家，还有几个同样追求宗教普及的伊斯兰国家，以及中国。而中国当时的领导人是蒋介石，他也是一位基督教徒——在中国古往今来的领导人里，还是独一位。

如今，由西方国家提出的严格意义上的政治哲学——也就是民主制和人权，在国际政治领域里已经占据了相当于基督教的位置，而它们实际上脱胎于基督教；也因此，它应该被全世界人民所采用。国家若不设立民主制，前途将一片惨淡，我们对未改信基督教的非天主教徒也是这么说的：非天主教徒将永远没有机会进入到上帝之城，并在永生中得到幸福。

第二章　找到看中国的正确姿势

第二节　中国是什么：中国特点与中国精神

首先，我们要试着通过中国的几个特点来描述一下中国。这个任务显然是有点冒险而艰巨的。中国社会形态无疑是具有多样性的，城里人和乡下人不一样，穷人和富人不一样，受过教育的人和没有受过教育的人也存在着差距……中国的历史也具有多样性，并且比其他的国家更加复杂，因为它的历史比所有其他的国家都要更长。中华文明也像其他文明一样，是随着时间不断演变的，不是仅仅在20世纪这样一个充满无数巨变的时期才发生转变的；而在转变过程中，它也像其他文明一样，保留下来一些自己持久的、稳定的特征，中华文明不是一成不变的。中国的多样性，也来自于其生活在广袤土地上的众多人口，比别的国家要多得多。

在中国，当我们和中国人讲话并努力获取信息的时候，中国人不会像其他地方的谈话者那样，主动地把他们所知、所想、所做的事情全部说出来，这就为我们开展进一步的研究增加了难度，他们有时会沉默，有时又顾左右而言他。这一点我们在后面会谈到。基于这些因素，我们不会企图仅用几页纸就来完整地描述中国，这种想法实在是太荒谬了。我们只想展开讲几个，总是被西方人误解的几个中国特点，并试图在陈述中，避免任何想要给这些中国特点染上普遍性色彩的意图。理想虽然会被打折扣，但是毕竟离不开作者的主观性。

国家的思想④

我们总是要讲"中国哲学"（philosophie chinoise），其实这个词却并不准确。西方语境下的"哲学"（philosophie）并不仅仅是热爱智慧，而是爱智慧同时也爱科学，爱一切的知识。古希腊语里，"Sophos"意为"智者"。在古希腊，"Sophos"首先是指那些对自己从事的行当极为熟练的能工巧匠，"Sophia"一词也是先指科学（Science）继而才有智慧（Sagesse）的意思。出于这个原因，拉丁语直接将这个词从古希腊语里转译过来，并在整个印欧语系沿用至今。在西方，直到18世纪，哲学家们尽管不以科学为本业，却依旧像古希腊时代的智者一样对科学兴致勃勃。中文里也没有表示

第二章 找到看中国的正确姿势

"philosophie"的词汇,之所以没有这样的词汇,是因为在中国不存在西方意义上的"中国哲学"。19世纪末,日本人在开始接触西方文化时创造了一个相关的词⑤,但中文并没有准备把它收入自己的语言中。这个词的词义即是"智慧的研究",直到后来被引入现代汉语中。传统上,凡是涉及孔子或老子的时候,中国人都不说"哲学",而是说"思想"。对于他们来说,这些思想著作只是文学的一部分,中国文学本身就包含了两种类型,一类是以教化为目的的;另一类则是为了满足娱乐为目的的,其中包括小说、诗歌和戏剧等。与其说我们常说的"中国哲学"更靠近柏拉图、亚里士多德、笛卡尔、斯宾诺莎或其他德国哲学家的哲学思想,倒不如说它们更类似于蒙田或17世纪伦理学家们的思考。"logique"一词在中文里不仅没有相对应的中文词,甚至连相对应的中文翻译词也没有,只是直接被音译成了"逻辑",就像印欧语系直接将古希腊语的词音译过来一样。

无论是从出现的时间点还是在时间的跨度上,中国思想都是首推孔子。在孔子之前是《易经》。《易经》是对64种卦的具体解释,起源可以追溯到公元前11世纪到公元前 9 世纪。《易经》曾经被孔子评注，它逃过了秦始皇的焚书之害，广为民众传阅、研究学习和点评。《易经》的读者群里也不乏西方人，比如从基督徒那里了解到这本书的莱布尼茨。由于这本书成书的语言过于古老，连中国人自己有时也需要靠推测来破解汉字的含义。《易经》阐述了一种神奇的思想，有点像矛盾形容法，即使对中国人来说都是很难理解的。尽管佛朗索瓦·朱利安⑥的卖力解释有很大价值，但是对于外国人来说，想要完全理解《易经》简直是不可思议的。

中国思想的源头是孔子。在古代，儒家学派的传播曾在秦朝被短暂禁止，到了汉朝又重新回到了统治中心的地位。在董仲舒所著的《春秋繁露》的影响下，汉武帝（公元前 141—公元前 87）在将儒家学派树立为王朝主流意识形态上起到了决定性作用。也是受董仲舒的影响，他将儒学五经——《诗经》《书经》《礼经》《易经》和《春秋》⑦——确立为儒家经典的基础，并要求人们必须熟记于心。与此同时，道家学派⑧——既可以指《庄子》里那些精妙而自由的思想，又可以指一个网罗大量信众的民间宗教——与佛教一样也走上了历史舞台。11

第二章　找到看中国的正确姿势

世纪出现的新儒家是一个将某些道教思想、佛教思想融入儒学传统后的儒家新流派。中国人不太爱用"新儒家"这个称号，更趋向于根据不同的趋势将儒学一分为二：理学或谓道学，以及心学。12世纪，两个流派的大师们在一场知名的太极之辩⑨中进行了思想交锋。这场争论在代表理学的朱熹和认为只有通过心与感受才能触及真理的陆九渊之间展开，争论的结果：朱熹以绝对的优势胜出了。理学的胜利也因此延续了几个世纪直至王朝末期。

通过新儒家这种形式，孔子在中国思想史上的领军地位一直持续到清朝末年。在中间的几个世纪里，中国思想的三大组成部分——儒家、道家和佛家——衍生出了无数的专著与评论。儒家思想之所以能成功，也许关键在于孔子推崇一种"服从"的思想，许多强大的既得利益者均得益于它。第一种服从涉及孝道，是孩子要服从家长。一位学生曾经问过孔子：什么是"孝"，孔子答："无违"⑩。孝道能与服从政治力量相连也是再自然不过的了："孝乎惟孝，友于兄弟，施于有政"⑪。这种卑屈的服从与年龄无关，只要父母活着就必须保持服从，特别是保持对父亲的尊重与恭顺。在结婚仪式里，常常通过让新婚夫妻向双方父母鞠躬这一形式来表现子辈对长辈的"无违"。当涉及女性的地位以及女性在夫妻关系中的地位等话题时，孔子显得不那么好辩了；在《论语》里，他曾两次提出这个问题。第一次是关于周武王。周武王称他有善于治理政事的臣子十人，孔子评价到："才难不其然乎？唐虞之际，于斯为盛。有妇人焉，九人而已。"⑫这里是说女人没有地位，只有男人才作数。第二次是讲一位国君与他妻子的关系："邦君之妻，君称之曰夫人，夫人自称曰小童。"这句话传递的信息也很清楚，是说丈夫与妻子的关系就是主人与仆人的关系。孩子对父母、妻子对丈夫、普通百姓对帝国统治者的服从显然获得了大部分人的赞同。"和谐"是孔子的核心思想，而恰恰是这三种服从关系，带来了人类社会的和谐。

孔子对礼的研究是《论语》里反复出现的课题，他对礼有很多种不同的阐释。在《礼记》的译本里，塞拉芬·古佛尔（Séraphin Couvreur）翻译"礼"这个中文字时，给出了许多它可能涵盖的意思，为阐释这个概念提出了一些很好的想法："'礼'指宗教礼仪、世俗礼制、礼貌、文明、礼节、谦恭、诚恳、尊敬、尊重、得体、

第二章 找到看中国的正确姿势

体面、举止合宜、仪表得体、行为规范、遵守规则、义务、社会秩序、社会准则、道德准则、习惯、习俗、仪式、行为准则、与社会关系相关的准则。"⑬ 可以确定的是,礼并不是一个创新的、自由的、现代的概念。另一个西方人更容易理解的概念"中庸之道"则被认为是最理想的状态:"中庸之为德也"⑭。"中庸"在儒学传统里有着非常重要的意义,以至于孔子的孙子子思在公元前5世纪写的同名著作《中庸》⑮,被新儒家学派的大师朱熹放入"四书五经"之列。"四书五经"是进朝做官的仕子们必须学习并牢记在心的经典。

但凡稍微有一点肤浅的唯物主义倾向的人,也许都不会对孔子的保守主义感到特别惊讶。只要去看看他在曲阜的祖宅就知道了:这是一间很大的宅邸,非常豪华,有不少的亭台楼榭,还有怡情养性的花园。也许有人会立刻觉得,孔氏家族拥有这样的宅邸,孔子对任何一次社会机制的变动,任何一场可能引发社会变革的运动都不会再感兴趣了吧!确实,现在对外开放的这所宅院,其实是一个19世纪的建筑,是由一位所谓孔子的后人在明朝建造的,之后毁于火灾,又在清朝时被重建,共和国时期被翻新，后被完整地保存了下来！中国的许多历史遗迹都是这样几经波折的。

除了上面谈到的，历史上还有很多关于孔子的传奇，大多都是通过史学家司马迁的笔下流传给我们的，既有关于孔子的生卒日期的（公元前551—公元前479），也有一些是被冠上孔子之名的作品。可是似乎只有由孔子徒弟们所撰写的，记载老师言行的《论语》才真正地传达了他的思想。

儒家思想刚出现时曾遭到过抨击。其中最著名、最激烈的批评者无疑是墨子，他是孔子的同代人，起初还是孔子的弟子。墨子提倡兼爱，主张绝礼弃制。尽管儒家思想在封建历史上最终成为占主导地位的思想，战国时期（公元前453—公元前221），曾经涌现出许多的思想流派，出现了被形容为"百家争鸣"的现象——毛泽东后来重新使用过这个成语。"百家争鸣"的现象特别出现在齐桓公创立的稷下学宫⑯里，齐国的皇帝希望将这些士大夫招入自己麾下，用他们的才智来帮助自己巩固政权。

孔子的思想虽然接受了新儒家学派的改造，在古代

第二章　找到看中国的正确姿势

还是会被一些异端思想所挑战，其中最著名的可谓是18世纪的吴敬梓了。吴敬梓写了一本小说《儒林外史》[17]，在书中，他对儒家仕子的意识形态，以及基于机械背诵和对新儒家思想盲目服从的教育模式进行了强烈的抨击。而早在16世纪，李贽就已经在他的作品《焚书》与《藏书》里表达了对孔子的敌意。后来这两部书都被禁封了，作者也因此入狱自刎。

19世纪末至20世纪初，同样的原因使儒家学派再次成为众矢之的。许多中国知识分子或仅仅是受了些教育的中国人都提出了这样一个问题：为什么中国在鸦片战争及接踵而来的战争里那么不堪一击，倒在了英国人、法国人及其他西方列强的脚下？关于这个疑问众说纷纭，其中一个答案将责任归咎于满族人的统治。另一个答案则归咎于儒家思想本身，儒家强调"无违"的思想妨碍了年轻人、妇女及至整个中国社会的自由发展，使人们普遍缺乏有效反抗西方列强侵略的能力，也就是独立思考和独立行动的抗击能力。儒家思想被认为是中国由盛转衰的根本原因，以至于1919年5月的革命运动口号都变成了："打倒孔家店！"

许多现今被奉为大师级的作家,都曾发表过批评儒家思想的小说或戏剧,内容主要是讽刺孩子对父母、妻子对丈夫、民众对统治阶级的盲目服从。其中,鲁迅是最厉害的讽刺作家之一;还有用英文写作小说《京华烟云》(*Un moment à Pékin*)的作家林语堂;伟大的作家老舍(作品有《四世同堂》《离婚》《二马》《不说谎的人》)、曹禺(《雷雨》的作者)也都在其列。

后来,孔子的地位在新的变革时期有了一定程度的改善。21世纪初,中国政府决定在全世界设立一个类似法语联盟一样的文化机构,并将它们取名为"孔子学院"。这在三十年前简直是不敢想象的。2008年北京奥运会开幕式上,由数位芭蕾舞者们组成的汉字是"和谐",正是孔子的核心思想。然而,这场充满不确定性与复杂性的国学复兴运动,又让一些西方人产生了危机感:如果复兴国学的运动成功了,它将被解读为是发展民族主义的信号,会比现在更危险;如果没有成功,则说明马克思主义的影响还将持续,而这也并不值得庆幸。

显然,用三言两语勾画出的中国思想实在是太概括了。中国思想并不仅仅是一部深奥的、费解的、每个主

第二章　找到看中国的正确姿势

题都可以有很多种阐释的《论语》；中国思想是漫长历史中许多作家——也就是战国时期，继孔子之后出现的被称之为"诸子百家"——的思想和作品的集结。在此，我们并未打算对中国思想做一个总结，只是想要强调这个思想在本质上是民族性的；无论是过去还是现在，中国人从未想过要将这种思想灌输到国外，施加给全世界所有的人，让它变成全球化的思想。尽管儒家思想进入了日本与韩国，但是这并非出于统治者的意愿，而是朝鲜人与日本人自己来到中国学习儒学，特别是新儒学的结果。

还有最后一点，可以完全证明中国思想的民族性特征：20世纪60年代，在中国还未重新认可儒家思想与中国传统思想之前，中国的主导思想，或者说至少是指导思想，还是从西方国家引入的非常具有普世性的马克思主义。当中国与苏联以政治及意识形态存在分歧为理由决裂时，中国本来打算创立一个由中国共产党领导的新的共产国际，以对抗那些因与苏联共产党走得太近而使共产党派系中沾染上的修正主义习气。如果将托洛茨基创办的共产国际也算在内，它将是第五国际；如果不算在内，它将是第四国际。然而中国人最终没有这样做，他们没有投身于创立任何新的政治党派来传播自己的思想。法国的共产主义青年联盟以及之后成立的无产阶级左翼组织，从未收到过中国驻法国大使馆的一分钱赞助，也从未收到过来自北京的任何指令⑱。中国人所做的仅仅是传播他们的政治文学，包括毛泽东作品集以及翻译成法语的一些文献与手册。在巴黎，我们可以以便宜的价格从两家书店买到这些书籍——不过它们都卖得比北京的书店贵！然而中国从没有试图通过那些有能力吸引大批受众的机构去传播这些思想。一言以蔽之，中国共产党没有将马克思（恩格斯）主义和列宁思想国际化的倾向，虽然在这三者的基础上曾分别诞生了第一共产国际、第二共产国际和第三共产国际这些国际化的组织。在中国领导人看来，与其在法国或别的任何一个地方宣传他们的政治思想，倒不如到夏尔·戴高乐的遗像前鞠躬。在他们看来，比起中国思想在全世界范围内的传播，也许维护中法之间的友谊才更重要吧。民族的观念在中国思想里占了很大一部分，从这一点来看，中国思想反而更接近戴高乐主义。

第二章　找到看中国的正确姿势

"没有信仰的民族"

这个看起来有点过分的标题，实际上是来自于林语堂的一篇辩护性的文章。林语堂早年曾是基督教徒，后来成为无神论者，到了晚年又重新成为基督教徒，经常往返于台湾和香港两地；也就是说，直到晚年他从未是一个狂热的中国共产党人。在关于中国人信仰的问题上，林语堂应该不会有什么偏见。1935年，林语堂写下了《吾国与吾民》，在这本书中，他解释了中国人为何排斥宗教、如何排斥宗教，回应性地解答了西方人的疑惑。

中国当然有自己的神仙：伏羲是文明之神，发明了书写、狩猎和音乐；女娲是造物主，她与伏羲共同创造了人类第一对夫妇；神农传授给人类农业和草药学知识；嫦娥是月亮女神；盘古是第一个出现的人类，能开天辟地；还有其他的神，如负责管理文运与考试的文昌帝君、司厕之神紫姑等。在记载中国古代神话的典籍《山海经》①中，大约出现了240多个神仙。可是这些古老的，甚至不太出名的，且通常与道教有关的神仙，只是组成了这样一个神话体系，并不时地被中国的作家或思想家们引用在自己的作品中，却从未被宗教化和仪式化。他们只是一些传奇人物[21]，是一些由于具有某种高尚的品德而被神化了的人罢了，仅仅是这些品格的象征。

中文语境下的"神"比法语语境下的"神（Dieu）"要人间化得多。法语"Dieu"来自拉丁语"Deus"，本义为"光明的"，这个词的使用范围也与它在印欧语系中的词根相仿，一般是指在天上的。中文里的"神"则更具尊敬的意味，譬如黄河、圣山、大地等自然力量，或者是历朝历代的先贤古哲们都可以被奉为神明，一切都可以围绕着神话展开。这点上与我们西方对神——哪怕是对被人格化了的神——的态度都是截然不同的。

无疑，在中国既有基督徒也有穆斯林，只是人数较少。下文将给出的数据曾经受到过一些学者的质疑，在他们看来，中国的信众人数绝不止于这些。不过在宗教问题上，确实也不曾有过非常精确的调查。

中国有3300万基督徒，其中3000万是新教徒，300万是天主教徒，共占总人口数的2.4%。有人提出占比更高的数据，认为天主教徒就有1200万，分布在138个教区，其中有主教126名，教士3000多名，修女5000多

第二章 找到看中国的正确姿势

名[21]。在汉族人聚集居住的地区，基督教徒的数量明显低于其他地区，他们曾在军事上征服过中国的一些地区，却从未在精神领域里真正征服过中国人。

穆斯林在中国的人数更少。他们大都是维吾尔族、回族、哈萨克族、东乡族、吉尔吉斯族这样的少数民族及其他一些更小的少数民族，其中大部分人生活在新疆、宁夏、甘肃，也就是中国的西北地区。在河南及云南也有一些穆斯林。

诚然，中国有佛教徒，但佛教是一种与基督教和伊斯兰教截然不同的宗教，它并没有一个唯一的、人格化的神，也不依赖一本记录他们言行的典籍。试想一下中国佛教的菩萨"Bodhisattva Avalokiteshvara"（印度语的意思为"俯察众生之神"），即中文所说"观音"或"观世音"；在中国民间的说法里，观音是跨性别的，即男身女相，从这一点就可以看出佛教与我们的宗教是有差别的。许多中国人常去佛教寺院游访，在佛像前跪拜，或是焚上一炷香作表达敬意，可是这些都不能说明他们就是佛教徒。在法国，一个无神论者绝对不会在教堂里点上一支蜡烛，因为在法国无神论仅是少数人的诉求，人们甚至需要为此而抗争。而在中国，无神论则太普遍了，没有人会因此受到压制，它不是宗教的对立面，更不是宗教的敌人。

中国人选择"禅"这个字来翻译梵语中的"dhyâna"，其意为"身观念住，善涉其心"。从宋朝起，也就是10世纪，佛教——或者说至少是佛教中的一些分支——开始与以儒家思想为本，兼有道家思想元素的中国思想兼收并蓄。忽必烈大帝对处理多元宗教共存问题一直都十分上心。1256年，一场激烈的争论在佛教徒与道教徒之间展开，皇帝因此点出不同宗教之间的关系："道教大师认为他的道才是最高的境界；文人仕子则认为儒家思想才是独领风骚；景教徒崇拜摩西并相信天国往生；答失蛮（穆斯林）向天祷告，感谢它赐予的恩赐。五个手指皆由掌出，佛教就是那个手掌，从中衍生出其他宗教。"㉒根据马可·波罗的记录，当基督教徒请求忽必烈承认他们信仰的时候，尽管有些忠实的佛教徒抗议，皇帝还是"下令给他们一些特许，比如所有基督教徒都应该被承认，任何一个有此信仰的人都有权遵守这条法则。"

忽必烈尊重基督教徒的习惯。有一天，人们问他是

第二章 找到看中国的正确姿势

什么原因,皇帝给出了一个堪比拿破仑或伏尔泰式的回答:"有四位受人爱戴的先知,得到了不同人的敬仰。基督教徒说他们的神是耶稣·基督,萨拉森人说是穆罕默德,犹太人说是摩西,佛教徒说是佛陀,也是众神之神。我尊重他们,且对这四位都很崇敬;其中一位是最伟大、最真实的天神,我请求他协助我。"㉓

在一本讲述中国西藏历史地位的权威型著作里,有这样一句话:"确实,共产党员都是无神论者,当社会上很多有宗教信仰的人要求修习宗教权利的时候,中国共产党能够尊重他们的信仰,并愿意满足他们的需求。㉔"除了中国,世界上其他任何一个国家的政府都不会公开说:"我们是无神论者。"在法国,一个国会议员敢于公开称自己是无神论者,是一件很了不起的事,但他一定会补充说自己也是不可知论者;一个部长——无论是左派还是右派——一旦称自己为无神论者,将会立刻受到共和国总统以及总理的谴责。而法国还是一个政教分离的国家,且在 1905 年的法律出台后,已经越来越倾向于国家去宗教化了,不是只有基督徒才能成为法兰西共和国的总统。这在西方的其他国家却行不通。在美国，穆斯林、犹太人或无神论者不能竞选总统岗位，理由非常简单：美国总统需要对着圣经新约、旧约宣誓；而任何一位无神论者、犹太人或穆斯林都不可能在任职时发表伪誓。英国的民主政治里，国家的首脑就是英国教会的首脑。在西方其他民主国家里，国家元首都会公开表示对基督教的拥戴。

下面的例子最能证明基督教对我们文化产生的影响，已经渗透到各个层面，并反映在各种形态之中，哪怕这些形态已经与宗教初衷相去甚远。卡尔·马克思在《德国工人党纲领批注》中，为描述共产主义社会未来的形态，重新用了"各尽其能，各取所需。[25]"这个表达。此前，这个表达方式已出现在路易·布朗的《工作的组织》（1839）、艾蒂安·卡贝的《伊加利亚旅行记》（1840）以及几乎是同时期的克劳德·昂列·圣西门的作品中。1883年，皮埃尔·阿列克谢耶维奇·克鲁泡特金在66人诉讼案宣言中，以无政府主义者的名义重新使用了这个表达。所有这些人都不是基督徒，有些甚至是基督教的敌人——马克思像路德维希·费尔巴哈一样，一直认为宗教是精神鸦片——可是很少有人提到，这句话的出

第二章 找到看中国的正确姿势

处正是新约的使徒行传[26];基督教在西方思想史中的分量是如此之重,以至于最革命、最激烈的思想家们,都会借助新约里用来描绘使徒时代的一句话,来形容他们理想中的共产主义社会。这也就是为什么对于我们来说,试图去理解一个能与宗教完全撇清关系的民族是非常困难的。

在中国的大城市也能发现一些宗教场所、一些教堂、一些清真寺和许许多多的佛寺。它们既是寺院也是博物馆,却都不能与散落在法国各个城市、街区与小村落里的教堂相提并论。在西方国家,基督教的传播范围是那样广,基督教的影响力甚至在非信徒间也是那样大,以至于我们能够理解像伊斯兰教与犹太教这样与基督教有着深远联系,都笃信神的唯一性与人性化的宗教。

与基督教国家或伊斯兰国家不同,中国没有反犹主义。在 7 世纪到 8 世纪,犹太人很早就通过贸易往来,顺着丝绸之路来到了中国。在开封,也就是宋朝的首都,他们形成了一个蔚为大观的社群,且被很好地接纳了。第二批犹太人在鸦片战争期间纷纷来到中国,以从事贸易活动或发展工业为生。19 世纪末,又一批犹太人为躲避反犹主义的荼毒,从俄罗斯逃往中国,其中大部分人在东北的哈尔滨安置下来,再次顺利地被接纳了。迟子建的小说《晚安玫瑰》㉗就见证了犹太移民的这段历史:小说的女主人公,一个年轻女人,住在哈尔滨一个犹太老妇人家里。老妇人出生于满洲国,父亲死于沙皇对犹太人的大屠杀中;1948年后,她出于感激,不愿意重返以色列,选择留在这座中国城市,并成为一名钢琴教师。最后一次犹太移民潮发生在20世纪30年代,从欧洲过来的大部分犹太人——大概3万人——在上海安了家。关于这段历史,我们可以参观设立在一个旧犹太教堂里的犹太人博物馆。《犹太人论坛》期刊上最近出现的一篇文章在讲述犹太民族与中国的关系史时,这样总结到:"犹太社群与中国之间的历史是互相欣赏与互相尊重的历史。"㉘

没有殖民的国家

中国的文化影响力一直非常强大。中国文化对其周边国家影响巨大。比如越南、韩国和日本,三个国家都曾使用过汉字书写。中国化的佛教在日本和韩国盛行,儒家思

第二章 找到看中国的正确姿势

想也在这两个国家里持续地传播。这些现象都不是中国文化压力或政治压力造成的，而是这三个民族的人民自主地、自愿地选择。在19世纪的日本，所有有教养的日本人都会读、会写古代汉语，古汉语之于日本人就像拉丁语之于有教养的法国人。今天，韩国的学生依然被要求学习中文，可是这绝对不是出自中国的强制或要求。

中国从未侵略过任何民族，任何远离他们国土边界的国家。中国从来没有做过法国、英国、荷兰、葡萄牙和西班牙在上几个世纪里做过的事情。伏尔泰已然指出了这些区别："这些（亚洲）人从来没有向欧洲派遣过使者；我们这些国家是唯一想把我们的贸易、观念推广到世界两极的。"㉙

时间再往后推，中国也并没有效仿美国一直以来的做法：在世界范围内建立军事基地，持续地对全球进行军事干预。中华人民共和国成立后，中国分别与英国、葡萄牙签署了相关条约，以和平的方式重新收回了对香港和澳门的主权。有时候，人们会觉得之所以中国人没有加入到殖民主义侵略的行列，是因为他们缺乏必要的物质手段和技术手段。这种想法真是大错而特错了。欧洲崛起以前，一直到15世纪，中国在亚洲一直都拥有着强大的海上势力。唐朝时，中国的海军就已经抵达阿拉伯、埃及和东非。从1405年到1433年，在明成祖的统治下，中国曾经组织了七次航海，比葡萄牙及随后纷纷加入海战的欧洲诸国都要早了几十年。郑和是出海行动的总指挥。郑和每次出海都要准备十几艘轮船，每艘轮船上有两三万人。新的轮船，也就是所谓的"宝船"㊿，体型都非常大，长140米，宽50米，有5—7个桅杆，吃水量达到7000吨——而当时葡萄牙最大的船只，吃水量也超不过1000吨。郑和下西洋不是一次个人的冒险活动，而是一个国家行为，必要的装备应有尽有。通过几次下西洋，中国建立了有利于国家发展对外贸易的联系还特别与马穆鲁克王朝统治下的埃及建立了外交关系，丰富了对到访地区地理文献的编撰。外交与探索，是下西洋的主要目的，同时也是主要成果。然而尽管有这么多有利的条件，中国人却从来没有计划，在他们发现的这些国家里定居，建立自己的殖民统治；他们甚至没有想过要向这些国家输出儒家思想、道家思想或佛教思想。不过明成祖以后的皇帝们却不再组织航海了，原因是耗

第二章　找到看中国的正确姿势

资过于巨大，看起来像是宣扬国威，对于发展实际民生未见得有多少好处。明成祖思考的是如何扩大明朝的影响力，之后的皇帝们也迫于形势，更多思考的是如何发展农业，如何灌溉耕地。

统一语言是一个漫长的同化过程。法国诞生于10世纪的卡佩王朝，可是直到1789年，法国大概只有30%的人在说法语；19世纪末，在学校里，老师还会惩罚那些在玩耍时讲方言的孩子；1914年，尽管费里法㉛规定实行义务免费的小学教育，还是有许多布列塔尼士兵听不懂兵团上校的指令。如今，尽管一些地区的少数人仍然在坚持发展地方语言，尽管欧洲委员会决定支持发展方言，但是使用方言的人还是越来越少，并逐渐趋于消亡，语言的统一似乎已经完成了。

中国的情况则不是这样。汉族人会写同样的汉字，却说着截然不同的方言。为了推广汉语教学，学校在语言的统一中扮演着重要的角色。尽管学好汉语是找到一份好工作的必要条件，但是大多数少数民族还是会保留自己的语言。它们是中华文化的宝贵财产。

基本上自1988年中国加入联合国维和行动特别委员

会后，其在海外的军事力量主要是为了服务于联合国在伊拉克或科威特、撒哈拉西部、柬埔寨、莫桑比克、利比里亚等地区，以及近期在叙利亚、南苏丹、刚果、达尔富尔的许多维护和平的使命。

自从中国开放了国际贸易，特别是向世界经济组织敞开大门之后，它在全世界大力开展贸易往来，并将资本直接投向国外。如今很难用传统的、敌视的偏见，去诋毁中国在与美国、欧洲的贸易往来中所占据的地位了。中国已成为世界第二大经济体，且还将会成为第一大经济体。可是中国强调过，考虑到国家庞大的人口数量，这笔财富简直是微不足道的。谁能否认这一点呢？中国在外国企业中投入了越来越多的资本；政府拥有大量美国优质政府债券作为资产储备，并且不局限于美元资产。然而没有人能说中国有殖民新旧大陆的企图，人们常常认为中国对非洲也许有类似的企图。

首先，有事实为证。像许多发达国家一样，中国的工业发展需要原材料，可是有些原材料它无法生产或难以达到足够的产量。再者，中国必须想办法用占国土总面积 7% 的耕地去养活占世界总人数 20% 的人口，它因

第二章　找到看中国的正确姿势

此需要大量的粮食和耕地。非洲在这两点上确实能够满足中国的需求。近几年来，非洲与中国的贸易往来飞速发展，2013 年贸易总金额已达 2000 亿美元。如今，中国是非洲首要的贸易合作伙伴。中国的目标是到 2020 年将贸易额总数提升到 4000 亿美元。2500 家中国企业入驻非洲国家，涵盖了矿产业、石油业、建筑业、交通电信以及农业等多个领域。中国人在那里购买土地，产出的粮食再出口回中国。在 21 世纪的第一个十年里，中国在非洲共投资了 750 亿美元，成为非洲的一个非常重要的投资国。非洲陆地上大部分的公路与铁路等基础设施都是中国人的杰作。然而即便是这样，中国也只是非洲的第四大投资商，法国、美国和英国排在它前面。可是对这三个国家而言，中国的投入已经太超前了！

值得注意的是，西方——特别是法国——对这个现象的看法通常是负面的，他们认为中国正在代替法国和英国，成为较大的殖民势力。他们忘记了或根本不知道中国领导人，在非洲任何一个国家发表的讲话，都总结过这三点：第一，中国从来不搞殖民主义，在非洲也没有一块殖民地——这就已经与许多西方国家不同了。第二，中国一向支持非洲国家的独立运动,从政治角度来看,也确实如此。第三,中国从来没有在行动上或在言论中,干预过非洲国家的内政,事实上它也一直是这样做的。相反,西方人会时不时地谴责非洲,谴责它太容易向与民主制背道而驰的政体妥协了。可是他们自己就曾对非洲采取过类似的倒行逆施的措施,包括在南非共和国进行种族隔离等,而且他们认为在非洲进行的,任何反对所谓共产主义影响的行动都是被允许的。事实却是,无论是在非洲还是在其他任何地方,中国政府从来不会宣扬建立一个由共产党一党执政的政府机构和一个与它相类似的组织整体。西方人则正相反,从未停止过呼吁非洲国家接受他们的政治哲学,为了在这个地方寻找更多发展的机会。

总而言之,无论是从中国的历史还是现状中,都难以推想,这个国家对非洲,或是任何一个国家有殖民主义的抱负。

女性问题

中国绝对不是唯一一个大男子主义的国家。男尊女卑向来是一种普遍的意识形态。在西方国家,两性平等

第二章 找到看中国的正确姿势

的观念与现状是人们奋斗的结果。大部分保护性别平等的法律，是从20世纪——特别是20世纪下半叶——才出现的。时至今日，两性在薪酬与职位晋升等方面还存在着很大的不平等。

中国的情况就不一样了。首先，在很长一段历史时期里，妇女的地位在各个方面一直都是低于男性的。在西方流传甚广的"阴、阳"概念，对于理解中国的两性关系有着非常大的启示作用：根据字典，"阳"主男性，或自然界正向的法则；是太阳，也是山的南面（即被太阳照射的地方），阳又指是男性生殖器。"阴"主女性；字面意思为"不露出表面的，阴沉的，云层较厚的"；是阴影，背面，背阴的山坡；《易经》以一套以"卦"为单位的符号体系来描绘事物的状态，其中（六十四卦中的）前两卦分别是"乾"和"坤"，"乾"意味着"男性，男性的"，是万物之始，自由、至善、完美；"坤"则意味着"女性，女性的"，是消极，是对天的消极顺从。关于第一卦的阐释我们尽量整理出了六页，第二卦的阐释则只有三页[32]。

最能够说明中国女性处境的，应该是历史上曾经实行了很久的一夫多妻制。尽管这项制度并没有受到官方认可，但是对于任何一位男性来说，只要有足够的物质基础，都可以拥有多名妻子。

在一本收录了三百首从公元前11世纪到公元前6世纪的诗歌集《诗经》里，有这样一首诗，可以加深我们对中国男女关系传统概念的了解：

乃生男子，载寝之床。载衣之裳，载弄之璋。其泣喤喤，朱芾斯皇，室家君王。乃生女子，载寝之地。载衣之裼，载弄之瓦。无非无仪，唯酒食是议，无父母诒罹。[33]

前面提到过的成书，写于16世纪的谚语集《增广贤文》里，也有"在家从父，出嫁从夫"或"痴人畏妇，贤女敬夫"[34]等说法。这本书是中国古代学习汉语与道德观的教材。在儒家传统里，女性应具备"三从四德"，即未嫁从父、既嫁从夫、夫死从子；注重品德、辞令、仪态、女红的培养。

一些西方人幻想中国女性在对待男性时往往特别残忍。贾科莫·普契尼（Giacomo Puccini）歌剧里的女主人公图兰朵，是个非常美丽的中国公主，她给她的追

第二章　找到看中国的正确姿势

求者出了几个谜题，如果他们能回答出来，就可以成为她的情人；如果失败了，则要被斩首㉟。人们通常忘记了普契尼的这最后一部歌剧的原型，是意大利戏剧家卡罗·戈奇（Carlo Gozzi）写于1762年的一部同名戏剧。而费卢西奥·布索尼（Ferrucio Busoni）在1917年就将它改编成了歌剧。卡尔·马利亚·冯·韦伯（Carl Maria von Weber）也曾为弗里德里希·席勒（Friedrich von Schiller）模仿戈奇写的这部戏写过音乐伴奏。欧洲许多其他的作曲家也改写过《图兰朵》，最近的一个版本出现在1953年，署名者为贝托尔特·布莱希特（Bertolt Brecht）。

19世纪末20世纪初，所有进步的知识分子，都在疾呼中国妇女卑下的地位是儒家"封建"思想的产物。此前，太平天国的人就已经在呼吁性别平等了，特别是在分配土地、强制婚姻与一夫多妻制等方面。

年轻时期的毛泽东，写下的第一批文章就是关于对妇女问题的探讨。1919年，其中的一篇文章发表在了省级杂志上，讲的是一位年轻的女子，因不想嫁给父母强迫指定的男子而自杀的故事。文章揭露了家族对女性

择偶的不正当干预行为，以及在这种处境下女性的不自由。㊱

毛泽东有一句很出名的话："妇女能顶半边天"㊲。这是强调男女平等的一种表达方式。关于这个问题，他还有过更激烈的表述："中国的男子，普遍要受三种有系统权力的支配……至于女子，除受上述三种权力的支配以外，还要受男子的支配（夫权）。"㊳ 在 1955 年，毛泽东还强调："在生产中，必须实现男女同工同酬"㊴。然而就像在法国一样，口号却并没有被推行。根据中国妇女联盟最近的一次调查显示，城市女性的收入仅有男性收入的 67.3%，乡村女性的收入仅有男性收入的 56%。无论在哪个国家，乡村都比城市要更落后。

1911 年的革命，体现了对中国古代大男子主义传统的敌视。一些关于改善女性地位的改革发展了起来，可是女性依旧不能享有平等公民权——在那个时代，法国都还没有做到这一点。不过这些改革至少试着努力废除了妇女裹脚的习俗。这项规定从一千年前起就一直被强加给那些不需要劳作的妇女们。禁止缠足并非没有遇到困难，需要去动员许多官员的妻眷，惩罚那些支持裹脚

第二章 找到看中国的正确姿势

的人。1902年，慈禧太后批准了禁止缠足的诏书，可是大部分人几乎无动于衷。直到1949年，依然还有女性被迫缠足。西方国家的人们一直没有抵制过女性穿高跟鞋；其实穿高跟鞋和缠足在美学上有着异曲同工之妙，并且具有相似的功能——防止女性飞奔逃离。以利玛窦为首的天主教传教士竟然都赞赏女性缠足，认为这样缠足后的女性连走出家门去散步都会感到困难，更不会受到除了丈夫以外的其他男人的诱惑了。

令人惊讶的是，从1950年起，在中国所有的法律里都会提出性别完全平等的原则。中华人民共和国颁布的第一部法律就是婚姻法，从1950年5月1日起开始生效。根据法律规定，胁迫婚姻、包办婚姻、买卖婚姻都被废除了。夫妻平等以及对妇女儿童权益的保护也被写进了条文里。干预寡妇重婚与一夫多妻制也被取缔。

如今，在领导阶层、政府或大企业里，女性所占的比重依旧非常少——行政部门的女性领导仅占领导层的2.2%。不过在欧盟组织的国家或政府首脑的会议上，情况也差不多是这样。在中国，一位女性领导的出现总是会受到特别的关注，但这种关注几乎不是赞美。2012年

3月，正值人民代表大会举办之际，人民日报刊登了一位纳西族（一个在云南省有 100 万人口的少数民族）女人大代表的几张照片。这是一个非常漂亮的女代表。在这些照片底下，官方日报写了这样一句话："两会最美女代表。"短短的一句评论就突显了女性人大代表的美貌和她的"民族魅力"。

女性在婚姻生活中，是否遭受家庭暴力的最新调查结果是：有 25% 的受访者都称曾遭受过辱骂、拳打脚踢、强迫性行为以及被限制人身自由等。虽然这些暴力行为都是违法的，可是却很少有人报警。日常工作中的性骚扰现象也十分常见。由于东、西方大多数的女性都不敢揭发这种行为，我们始终无法获得具体的统计数据。许多人也不知道求助的途径和方式是什么样的。她们为自己的受害者身份感到羞耻，害怕因为充当了先锋而受到谴责。在法国，人们已经明确意识到了这些障碍，以及政治家与司法官员所能从中获得的微薄利益；即便如此，抗议性骚扰行为的女性人数仍在持续上涨。不过我们通常提到的"骚扰"专指男人对女人的骚扰，谁也不会去统计女人对男人的骚扰。

第二章　找到看中国的正确姿势

自 1952 年起，中国开始培养女空军飞行员。在法国，一直到佛朗索瓦·密特朗（François Mitterrand）当上共和国总理，夏尔·艾尔尼（Charles Hernu）当上国防部长以后，在 1983 年，军队才开始迈出这勇敢的一步。

一位中国的企业经营者，在提拔女性到管理层时总是会犹豫不决，担心这位女性会因为怀孕而不得不请假。无论在中国还是在法国，这种态度和做法都是违背法律精神的。许多家长认为他们应该给儿子买一套住房或一辆汽车，对女儿却没有什么硬性指标。为了给儿子置办这些财产，在法国不少母亲外出赚钱，而父亲们却留在家乡。这种现象在中国当然并不多见。

父母亲——特别是农村那些没有养老金的父母亲——老了的时候，需要一个可以养活他们的儿子。在 1979 年独生子女政策出台以前，中国许多家庭里都有很多女孩，一对夫妇会一直生养孩子，直到他们有了一个男孩为止。莫言在他的小说《丰乳肥臀》⑩里提到过这种事情。小说里的农村女性，在 20 世纪 40 年代间生了七个女孩，最后终于生了一个男孩；这些女孩被分别起了一个有特殊含义的名字："来弟""招弟""领弟""想弟""盼弟""念弟""求弟"，而最终到来的男孩，名字则叫"金童"。

如今，在中国，女孩与男孩的出生比例是1∶1.16。据估计，大约2300万的年轻男性找不到老婆，这个人数和澳大利亚的总人口数差不多了。男女生育率的差距在农村更加明显。

重男轻女的现象经常被压下来或者被低估，可是它们却又是那样真实地发生着，使得社会现实在与法律、政府论调之间产生的落差更加突兀。

民族情感

民族情感也不是只有中国才有。在许多国家都能够感受到并展示出一种强烈的民族情感。除了英国以外，在欧洲，这种情感通常被混淆了。然而不论是在美国、俄罗斯、日本，还是在其他发展中国家，民族情感也都是非常强烈的。而在中国，这种情感可以说是更加强烈。人们总是声称中国人是民族主义者。中国的民族主义确实存在，但是这种民族主义等同于我们在法国大革命时

第二章　找到看中国的正确姿势

期所说的爱国主义（le patriotisme），而不是今天人们所理解的民族主义：与其他国家产生冲突，并想要将自己国家的权利意识强加于其他国家。中国人只有一种对自己的国家，对自己国家所做的一切的永不磨灭的眷恋：历史、文化、语言。

　　了解法国与西方文明的中国人，要比了解中国文明的法国人或其他西方人多得多。在深圳，我们可以去参观一个休闲娱乐文化主题公园，叫"世界之窗"，里面展示了埃菲尔铁塔、凯旋门、圣马可广场、威斯敏斯特宫及西方其他经典景点和建筑的精缩版。在中国西北省份甘肃首府兰州，它是丝绸之路上的一个中型工业城市，地方政府希望将它打造成一个旅游中心，最近刚刚在当地建设了一座斯芬克斯与万神庙的仿制品。在西安一所大学图书馆前，女娲的雕塑挨着雅典娜的雕塑。在中国的神话里，女娲是赋予人类生育能力的女神，主管婚姻和生殖，和雅典娜是一样的。在法国，所有人都知道雅典娜，可是没有人知道女娲。在中国，所有人都知道女娲，同时经常去西安那所大学图书馆的学生们也都知道雅典娜。在中国哈尔滨市，市长将海洋主题公园命名为"波塞冬海洋王国"。普遍来讲，外国——特别是西方——的形象在中国多少是正面的。唯一一个受到谴责的国家可能是美国。比如1993年的银河号事件⑪就被认为是一次侵略性的干预行为：中国被美国指控向伊朗运送军火，结果却被证明是无稽之谈。再比如，在1999年，当美军轰炸了中国驻南联盟的大使馆时，没有一个中国人相信美国政府为自己辩护时说的一派胡言⑫。事实上，我们根据日后的调查发现，这次轰炸根本不是一次意外事件，而是一次蓄意袭击。

中国已经不再是一个闭塞的国家，为了获得一些好处只是在贸易上开放。相反，在兼具文化自信的同时，它也向外国文化保持着开放，并不担忧外国文化在中国的发展会压制本土文化。

中国的开放性，在加入到世界经济组织以前就有了。

中国对外界的开放，也体现在对外国国家的命名上。通常，中国人会利用转译直接在自己的语言里加入一个外来专有名词。有时，纯粹是根据发音翻译过来的词，没有特别的意思；有时，也会被赋予某种意义。通过这种方式，Carrefour公司被翻译成了家乐福，意思是

第二章　找到看中国的正确姿势

"家庭的欢乐与幸福"；Ford 公司被翻译成福特，意思是"特别的幸福"。再看看中国是怎样命名三个对它特别重要，却并非总是友善的外国国家名称的：la France，法国，即"法律之国"；la Grande-Bretagne，英国，即"精英之国"；les Etats-Unis，美国，即"美丽的国度"——承认吧，中国人远远不像我们说的那样排外。关于法国，国名中出现的"法"不是唯一赢得中国人好感的地方：所有中国人都认为法国是一个非常浪漫的国度。这种看法可能要归咎于第一部被翻译成中文的法语小说——《茶花女》[43]（*La dame aux camélias*）。中国人用来翻译"romantique"的词，意思是"漫延的浪"，这个词也是从英文"romantic"转译来的，指四处游走的浪子。他们会将法国人，甚至是法国的地标建筑与浪漫联系在一起：铁塔就是浪漫的！不是因为这是一座金属建筑，而是因为它象征着巴黎。

中国人倒不是完全没有优越感。令人感到惊奇的是，正是因为这一点，中国人没有成为民族主义者。他们有一种想法，认为他们自己的文化相当有品质。

在外国人占领的一个世纪里，中国人一直希望重新获得民族独立。遭受德国侵略的法国人则不同,大部分人并不是要寻求独立,而是想要找到一个主人,一个保护者。法国人在美国人那里得到了庇护;除去戴高乐统治的十年㊹,他们一直对这种庇护非常满意,且乐意维持下去。

2014年,习近平同时庆祝了毛泽东120周年诞辰和孔子2565周年诞辰。习近平举办的这两场纪念活动,并不是为了向任何一方表现忠诚。关于毛泽东,习近平赞扬了他作为一位伟大的革命家、战略家、理论家的优秀品质;关于孔子,他提醒我们:孔子作为中华文化的核心是毋庸置疑的,用他的话说:"文化是民族的灵魂。"毛泽东出生的村庄和韶山的祖宅,每年都会迎来许多的游客。孔庙与孔宅也是如此!在曲阜,一出孔庙就有一个市场,里面可以买到各种各样与孔子有关的商品,也有毛泽东的肖像与塑像。在孔林,也就是孔子后代的墓地,可以看到年轻的中国人,在孔子的墓碑或衣冠冢前俯拜三次。对于一些人来说,这些行为仅仅是纪念中国伟大思想家的一个方式;情同此理,这与法国人将伏尔泰、让·雅克·卢梭请进先贤祠是一样的。

第二章　找到看中国的正确姿势

另一种民族情感的展示，体现在1949年后移民海外的中国人身上。中国移民始终心系祖国。在某些时刻——比如1964年第一颗原子弹爆炸的时候，他们不会掩饰自己的自豪之情。1967年，当中国第一颗氢弹测试成功的时候，他们更不加掩饰地表示了自豪之情：他们的国家仅仅用了三年时间，相继研发出原子弹和氢弹；而美国人用了九年时间才完成这两项研究。并且，这项成功还是在美国没有为中国提供一点点制造氢弹秘诀的情况下发生的！

今天，中国的年轻人离开他们的国家，来到西方的大学学习。尽管在完成学业后大部分人都选择了留在国外工作，但是，他们始终想着有一天要返回自己的祖国，用自己在国外获得的知识为国家做贡献。那些最有钱的中国人通常会去美国、加拿大、澳大利亚或者新加坡。当然，他们会先将个人利益置于前面；但是很快，他们就会开始考虑祖国的利益了，由衷地履行一个海外侨民的责任，尽到其所能尽的义务，不会去做任何损害国家利益的事情。

谁也不知道具体有多少中国人移民到海外，据估算，大概在 3500 万到 4500 万之间。然而我们永远不可能知道确切的数字。由于中国不承认双国籍，所有选择外国国籍的人在统计时都被排除在中国国籍之外；尽管现实生活中，他们中的许多人，与他们的国家和文化都保持着紧密的联系。

一方面，中国移民能很好地融入他们生活的社区中，从来不会制造冲突——在伦敦、巴黎、纽约的中国社区，从来没有发生过任何能让他们与本地居民对立起来的冲突；另一方面，他们保持着自己的群体，并没有丧失民族特性。在法国社会底层的中国人，即使在法国生活了十年，都没有好好地学习过法语的情况并不少见；我们也很难想象一个中国家庭会不过春节，选择放弃这个悠久的传统。很早以前就移民东南亚，现在又来到西方的中国移民，依然保持着中国人的自我认同感。他们从来不会介绍自己是柬埔寨人或越南人，总是说自己是中国人。

中国人对他们的文明，特别是这段漫长的文明历史感到自豪。中华文明的历史有多么悠久呢？中国人倾向于认为有五千年历史；学校课本里，史前史也被算作是

第二章　找到看中国的正确姿势

中国历史的一部分，而世界史部分则不是这样处理的。三皇五帝确实属于神话的范畴，夏朝（约公元前2070年/2030年—公元前1600年）时期也许也应该算是神话——根据司马迁的记载——有十八个皇帝。中华文明在中国形成了有文字记载的历史以前，已经存在了多久？这个问题也许是无解的。[45] 可以确定的是，在世界历史上，没有任何文明比中华文明存在的时间更长；没有任何现存的文明比中华文明在时间的长河中扎的根基更长了。曾经光辉璀璨的埃及文明与希腊文明，在很久以前就已经死了；而在今天依旧活跃的文明，都是诞生于一个距现今近得多的时期。文明的长度无论对于中国人来说，还是对于我们来说，都具有一种价值。古希腊人就已经习惯于将自己城邦的诞生，追溯到神的创造时期：起点越是远离有迹可循的时间，对城邦的历史就越感到荣耀。中国人习惯了漫长的时间跨度。在中国，以百年为单位设立一个奋斗目标并不夸张：2021年，将是共产党创立一百周年；又或者2049年，将是中华人民共和国成立一百周年。试问有哪一位西方领导人敢对一个政治行动提出如此长远的目标呢？

大陆每个比较重要的大城市里，都有一个或几个博物馆，里面收藏着相当多中华文明的历史遗迹。在这些博物馆里，人们当然可以好好地欣赏这些艺术作品。不过展出艺术品不是建造这些博物馆的主要目的，博物馆的主要目的是展示历史。历史当然包括了艺术史，同时也包括手工业史、烹饪史、城市建筑史、服装史等，以及中华地方文明史。技术史当然也是历史的一部分。公元前3世纪，蜀国的一位太守命人在岷江上修建了一个水坝，将江水分流为二支。成都地区的农业条件因此得到了大大改善和彻底的转变，不再有洪水泛滥，灌溉面积也不断增大，在那个时期真可算得上是技术上的创举。中国人热衷于赞扬这类进步。

中国人对他们丰富而多元的文化感到自豪。领导者们在文化传播上下了很多功夫。对中国影响深远的儒家学派对"学习"有着强制性的要求。想要知道学习在《论语》里占有多么重要的地位吗？不妨想一下《论语》第一章的标题，即是"学而"；该章节提出了三十三个关于学习的观点，其中一条说道："好仁不好学，其蔽也荡；好信不好学，其蔽也贼；好直不好学，其蔽也绞；

第二章 找到看中国的正确姿势

好勇不好学,其蔽也乱;好刚不好学,其蔽也狂。"[46]另有一句俗话曾这样说:"万般皆下品,唯有读书高。"

在法国,自从1882年确立了小学义务教育原则后,一直到20世纪中叶,还会有农民出来抱怨义务教育并抗议:"在小学的课堂上坐到裤子磨烂有什么用呢?"在中国,从来不会出现这种情况。今天,当一年一度,那些从贫困农村出来进城务工的父母们,在返回家乡看望他们——寄养在农村祖父母家——的孩子时,在短短的一个月里,他们都会不停地勉励自己的孩子在学校好好学习;并且,在满足基本生活需求的基础上,但凡能够攒下一些余钱,就一定会在学期中或假期里,为自己的孩子报家教课或者课外班,以使他能够取得最好的成绩,有机会能到最好的高中甚至大学里去学习。

徐革非的作品《满族的小花》[47]为现代中国人对学习的狂热提供了一个很好的例子。在这本自传里,作者讲述了她(生于1979年)早年在吉林长春的生活,以及后来到巴黎做中文漫画引进出版的经历。在23岁那年,作者决定来法国学习西方文化,接受西方教育,那时她很是需要钱的支持。尽管她并没有向父母开口,可是在经济上并不宽裕的父母——特别是母亲，出身农民，现在是个工人——决定卖掉他们的两居室住房，倾其所有（包括卖掉结婚时的金戒指）地保证他们的女儿能够去法国大学读书。对于作者的父母亲来说，没有什么比学习更重要的事情了。她将这本书献给了她的父母亲——"世界上最富有的人"。对她来说，富有不是金钱的积累，而是亲情的给予。

中华文化首先来源于承载着中国思想的作品。在漫长的历史上，作为文化基础的《易经》《论语》《老子》一直不断地受到评论、阐释和补充。即便是在今天，大部分中国人都能列举出这些作品，作品给了他们对这个民族的归属感。在这个民族里，思想有它的地位。其次，文化体现在同样浩瀚多样的文学作品里。大部分中国人都知道一些人物和典故。这些小说被翻译成现代汉语，被改编成各种各样的影视作品——不是两三集的电视剧，而是十五到二十集，甚至更多集的电视剧。历史也是文化的一部分，同样被改编成了许多集的电视连续剧，情节如关于某个皇帝的一生、某个朝代或某场战役。历史文学主要是为了让更多人了解国家的历史，而中国人之

第二章　找到看中国的正确姿势

所以对它感兴趣，更多的是出于对某些情节产生的情感代入。

在中文的运用里也常常会涉及文学或历史。中国人经常使用一些他们称为"成语"的表达方式，大多是由四个字组成，有点类似于我们的谚语。这些成语通常出自文学或编年史。许多法国人其实并不清楚他们惯用语的出处。谁知道谚语"一燕不成春"出自亚里士多德《尼各马可伦理学》第七卷第16条，而"把天性赶走，它会小跑着回来"出自德图什的《荣耀》第五章呢？中国人使用成语的频率比我们使用谚语的频率要高得多。例如"背井离乡"这个成语出自元代戏剧家马致远的元曲《汉宫秋》。北方匈奴的首领要迎娶皇帝的一位妃子，皇帝迫不得已，组织了一场告别晚宴。其间，他谴责一位大臣，暗示他也可能像那位可怜的妃子一样遭受流放之苦，睡在雪地里。这个成语在此被用来形容远离家乡，流落他方。㊽另一个例子是"草木皆兵"。383年，秦王苻坚亲自率领大军去攻打晋国。一日，潜伏在堡垒上的苻坚，凝视着晋国埋伏在山林附近的军队，以为山林里被风吹动的一草一木都是敌人的士兵。他因此十分惊恐而丧失了军心，被敌人出奇地击败了。这个成语的意思就是将草木当成了士兵，用来形容那些因为受到惊吓，而对周围的一切都疑神疑鬼的人。这些出自历史事件、历史典故或文学选段的成语数以千计，被老百姓广泛地使用着。

绘画、雕塑、青铜器与瓷器也是文化的一部分。中国人在艺术领域包含承载着思想的书法，还有与书法紧密相连的绘画；建筑、雕塑还有陶器、漆器、青铜器等手工制品，通常与宗教和日常生活相关。如果不算旧石器时代石洞墙上的壁画，中国绘画始于新石器时代。公元前3世纪出现的最早一批画绘制在绢上。这些画作可以说是中国人的创作，然而拉斯科洞窟上的壁画却不能说是法国人绘制的。在整个帝国时代，无论是纸质画、绢画还是壁画都取得了辉煌的成就；无论是风景画、人物画还是花鸟画，古代中国绘画在很早以前就已经不再仅仅满足于呈现被画的物体，而是试图呈现一种人格、精神状态或思想。19世纪下半叶开始，西方绘画才出现这种趋势。通常，中国画不像我们的画那样是挂在墙上的装饰；绘在丝绢或纸卷上的画卷，在朋友或亲人之间

第二章　找到看中国的正确姿势

流转，是用来共同讨论、品鉴的对象。直至20世纪初，在西方的影响下，油画这种形式和平庸的现实主义元素才被引入中国。如今，深深根植于自己传统里的中国现代绘画受到了广泛的好评。齐白石的水墨画作品几乎可以与毕加索或安迪·沃霍尔的画卖出同样的价格。

青铜器是古代王朝（公元前2100年—公元前200年）的主要艺术品。一开始出现在一些祭祀用的瓶子上，大多与丧葬风俗有关；很快地，青铜器成了权力的象征，能获得使用这种材料做器皿的人一定是非常富裕的。渐渐地，又出现了镶宝石、玛瑙、金、银的青铜器皿。使用青铜器做花瓶、酒杯以及其他器皿的习惯一直延续到20世纪。

瓷器出现在唐朝，但陶瓷早在旧石器时代就有据可考了。许多陶瓷制成的工艺品都深受人们的喜爱。从最早期，新窑的发现、新的烤制方式、新的黏土与高岭土的发现都使陶瓷生产的工艺水平不断提高，直到出现了"唐三彩"与瓷器。在此之后，不论是在材质上，还是在造型上，新的发明不断增加，先后出现了元青瓷、明青花、清代珐琅彩等。陶瓷工艺不仅仅被用于制作花瓶或杯盏，也被用于表现人物或动物的塑像中。中国的瓷器倍受西方人的喜爱——后者愿意出大价钱购买——也在不断被西方人仿制着。

中国的戏曲诞生于元代（13世纪），并不像西方的歌剧那样仅仅是喜剧、演唱与音乐的结合，还融合了舞蹈、杂技、武术、滑稽剧、油彩与面具等表演形式。其中京剧最为出名，此外还有大量风格不同的地方戏曲，各式各样。

在中国所有的艺术门类里，有一样比其他都重要，就是书法。对于我们来说，书法是最难理解的，包含着一些非常晦涩的元素，比如静心运气、虚实相生等。书法是一种表达方式，据说从中可以体现出一个人完整的人格。中国的书法家通常认为，不亲自练习书法是无法懂得书法的。从4世纪起，这种汉字书写艺术就已经形成；而直到今天还被认为是无法超越、无法比拟的书法大师正是一位4世纪的书法家——王羲之。很早以前，书法领域里就出现了专家、理论家与评论家。书法不仅仅是漂亮的书写，像我们所欣赏的拉丁文字体，或阿拉伯人赞赏有加的阿拉伯字体那样；它是一种艺术，蕴含

第二章 找到看中国的正确姿势

着一个人的人格与艺术品位，笔、墨、纸张的选择皆在其中占有着很重要的位置。在书法里，汉字的含义消失在了线条的美感之中。对于一个西方人来说，他很难理解为什么中国人会觉得这个书法是好的，那个是坏的；有时中国人自己在对书法佳作的评价上都会产生分歧。可以肯定的是，书法作品被挂在住宅或博物馆的墙上被人欣赏；在很长一段时间里，它都是精英阶层的标志。书法也是文官考试的一部分内容。

书法这项古老的艺术是一种抽象艺术，西方在20世纪初才出现了抽象艺术。书法也许不如后者那样自由，但肯定不是象形艺术。㊵一些主题为竹子的国画就是这样的：竹子在一些手法的处理之下变得几乎认不出来，仿佛绘画的目的并不是为了呈现竹子，而是为了发明一种方式使它远离竹子应有的形象。画竹子的一位高手就是苏轼，即苏东坡（11世纪），是一位杰出的书法家、文学家、政治家，是他第一次提出了文人画的概念。

中国还存在着另一种形式的抽象艺术，就是石雕。从唐代起，受到自然侵蚀或人工雕琢的石头——无论产地或尺寸如何，不拘泥哪种形态——都被认为是艺术品。

人们将小块的石头收藏在家里，将大块的石头摆在私人或公共庭院里。在中国，石艺展览到处可见。在我们这里被视为十分现代的东西在中国则变成了古老的传统。

中国人对他们的四大发明——指南针、印刷术、造纸术、火药——也感到十分骄傲。至今也不知道这些发明的确切日期，不过可以确定的是，这些发明出现在中国是早于西方的。罗盘，也就是中国人口中的"指南针"，在11世纪就已十分常见。它的发明可以追溯到1世纪。印刷术大致起源于6世纪，比古登堡的发明早了1000多年。中国发现的第一个纸张的证据出现在公元前1世纪，但普遍认为最早的纸可能在两个世纪以前就出现了。火药发明于9世纪，10世纪开始被用于军事行动，用来制造中国人所谓的"飞火"。火药最早的配方可以在11世纪的一份文本里被找到，比第一篇映射此物的欧洲记载早了250年。除这几样以外，中国人还为公元前4世纪的另一样发明感到洋洋自得——犁。通过犁，牛可以发挥它的牵引力。而在西方，一直到五六世纪，人们才摆脱了那些让动物窒息的链子。再有就是银行纸币的出现。在11世纪的宋朝，这项发明很大程度地刺激了经济的发展。

第二章　找到看中国的正确姿势

当马可·波罗发现这种纸币的时候,他简直无法掩饰他的惊讶。[50]

自然,像其他许多民族一样,中国人对他们的地理版图、自然风貌、山川湖泊,对他们拥有最高海拔的山峰——高 8848 米的珠穆朗玛峰、最深的湖泊——深 155 米的艾丁湖,感到十分骄傲。宽广的土地与多样的地貌是这种骄傲之情丰富而多样的资本。

饮食与烹饪也是风俗的一部分。中国菜品类丰富且花样繁多,不是所有中国人都吃同样的食物。与其他地方一样,中国人的饮食取决于地方的物产与传统。值得惊奇的是,在中国菜里,看起来什么都是可以烹饪的,在食物上几乎没有什么禁忌。英国人难以理解为什么法国人爱吃青蛙和蜗牛;同样的,我们也不能理解为什么一些中国人爱吃狗肉;我们想都不想就扔进垃圾桶里的鱼头,他们也能品出滋味来。

最后一件值得骄傲的事情,就是在三十年里,中国人取得的经济成功。中国经济对世界的开放,是保证其经济持续发展、飞速增长的动力。由于中国在发展经济的同时,还伴随着对人口增长的控制,所以大幅增长的不仅仅是国内生产总值，还有人均国内生产总值。印度的国内生产总值也在大幅度增长，可是还有人像牲畜一样死在新德里或加尔各答的街头；在中国，这种恐怖的现象已经绝迹。中国人从经济发展中收获的不仅仅是满足与安逸，还有一份自豪，即得知中国如今已经是世界第二大经济体，在不久的将来还有望成为世界第一大经济体。

中国的语言

在介绍中国特色的章节里，我们很难对语言避而不谈。尽管这本书并不是对它进行详尽描述的地方，但至少还是应当提几个中文的特点。

说中文与我们的印欧语系或闪语系（包括阿拉伯语、古希伯来语等）有所不同实在是太轻描淡写了。后两者倒是相去不甚远。其他的亚洲语言也与我们的语言有很大的差距，只是使用它们的人并不多；非洲的语言同样十分特别，然而说这些语言的人也不多，将它们用于书写的人则更少了。

中文的词汇里没有性和数。中文里的动词通常都有

第二章 找到看中国的正确姿势

一个与之相呼应的名词,且没有动词变位;而名词,同样也有与之相呼应的形容词。也就是说词法不在中文语法之列,中文的语法相当简单。

特别要知道,中文里没有字母:中文是由许许多多的汉字组成的。人们经常会在自己到底知道多少个汉字这件事上,撒个谎以保证不丢面子。知道得越多,越能维持一个好形象。随着时间的流逝,中文字典里的汉字越来越多。最早的一部字典大概可以追溯到公元前1世纪的最后几年(也有人认为是公元前12世纪),里面收录了5000个汉字;另一部完成于公元1世纪末的字典里面出现了9000个汉字;还有一部3世纪的字典里出现了22000个汉字;20世纪初,基于18世纪的一部字典编撰的中文大字典诞生了,里面收录了超过48000个汉字,没有一个中国人能知道这么多的汉字。中国教育部时不时会公布在校生应该掌握的汉字数列表。最近的一次列表是在2013年,包括8105个汉字,比1986年的要求少了500个汉字。理论上讲,初中毕业时学生应该掌握3500个汉字,上高中时再学习3000个汉字,列表上剩下的汉字的应在接受高等教育时再去学习;现实中,一个小学毕业生能掌握 900 到 1200 个汉字，大部分初中生只能掌握 2000 左右个汉字，而大部分受过高等教育的中国人，掌握的汉字数也仅在 4000 到 5000 个左右——比教育部给出的标准要少了很多。只有汉语语言学专家掌握得多一些。小学生人手一本的新华词典里有一万个汉字，其中包括一些古汉语里的字。

汉字的字形与它的字音或字意没有固定的联系，尽管有些部首代表着同样的含义，有些汉字的结构相同，即大部分与金属有关的名词都有同样的偏旁，与植物或鱼有关的名词也是一样，但还是有特殊情况。音节与音调相同的情况下，不同字形的汉字有着截然不同的意思。当我们把这个想表达的汉字写出来的时候，人们都知道它是什么意思。可是如果仅仅听到一个字，在不知道上下文的情况下，很难明白它的真正意思。这就是为什么在口语里，词汇通常是由两个单音节汉字组成的。

至于字形的复杂性，只需要知道繁体字平均有 35 画，而从 1950 年末，在大陆开始使用的所谓的简体字，平均还有 25 画！即便是在简体字里，一个像"齉"（意思是"鼻子不通气"）这样的字竟然也有 36 画！与此同时，政

第二章　找到看中国的正确姿势

府用我们西方语言里的字母建立了一套汉字转译体系，即"拼音"，该体系被国际采用。这套体系不仅对学习写汉字有帮助，如今对在电脑上写汉字也必不可少。随着历史的变迁，汉字书写已经改变了许多，其中最重要的一次改革恐怕要属秦始皇发起的那一次，一直延续到汉朝。那次改革所确立的汉字一直到20世纪50年代一直在被使用着。书写的演变经历了很长时间，最早的汉字出现在公元前20世纪的夏朝，最早的语段出现在公元前15世纪的商朝，是刻在龟甲或动物骨头上的占卜之辞。就像西方的拉丁语和古希腊语一样，古汉语书面语需要经过特殊的学习才能理解；一些汉字出现在现代汉语之中，有时候读音变了，意思也不同了。古典小说的书写语言近似于口语，通常用两个汉字表示一个词，不像古汉语书面语那样，只用一个字就能表示一个词。不过鉴于这类小说的古典性，阅读它们也需要经过特殊的训练。

现代汉语有很深的历史传统。比如，中国人用一个非常古老，比我们的用词古老得多的词，来表示我们称之为"革命（révolution）"的概念。我们的词（révolution）来自拉丁语，有一个完全不同的意思："回到过去""一个行星绕着另一颗行星行走的轨迹"。这个词是后来被引用到法语里的,4世纪时才出现在希波的奥古斯丁笔下。直到17世纪的英国,在英语里,这一词才有了我们现在所熟知的意思。随后从法语开始,所有的印欧语言都开始采用这个意思。中国人选用的词与我们使用的词有着截然不同的本义。"革命"一词早在公元前11世纪就出现了:由于周朝的皇帝们宣称他们的统治是出自"天命",当农民们起来反抗时,他们总会说这是天命的变革,有点像我们用法语里的"jacquerie(农民革命)"一词来表示"révolution"。

汉字书写操作起来尽管不是那么方便,依旧还是有一些优势值得我们注意:它要求人们在认知与构图方面要有非常高的精确性;同时,它要求一种强大的记忆能力。与此同时,在西方,人们越来越抵触背诵任何知识。人们没有充分地思考过学习汉字书写——尽管有时可能只学习了有限的两千多个字——对小部分精英阶层,甚至对大部分民众所造成的影响力。

中文的多样性也增加了它的难度。如果说书面语还是统一的,那么口语则分为从某种地方口音到各种完全

第二章　找到看中国的正确姿势

不同的方言，从北到南，各式各样的。地理上相近的几个地方有可能就存在方言上的差距。从浙江到福建，再到广东只有坐船几个小时的距离，那边的人已经互相听不懂彼此的方言了。渐渐地，汉语（le mandarin）——也就是1949年后确立的"普通话"——从小学开始被统一推广。

摆脱屈辱

国家耻辱感在中国历史上不是一件新鲜事。中国在四分五裂或被削弱之际通常会有备受凌辱的感觉。西方人通过鸦片战争入侵中国，西方人不满足于在两次鸦片战争中打败中国人后接连签订的不平等条约；他们不停地要求获得新的好处，在各自的租界里像外国殖民者一样横行霸道，用他们的方式解决公平问题，禁止中国人进入这里或那里。继鸦片战争的先驱英法联军之后，更多的西方列强——俄国、美国、德国、意大利、奥匈帝国以及比利时——甚至不需要通过战争就可以获得更多的利益与特权。日本的入侵与对台湾的占领更加剧了列强的冒犯。所有经历过这一时期的中国人，都将它看作是百年国耻。

这一系列事件伴随着朝廷的衰落[51]，而新的状况也引起了三种反应。

第一种反应来自于慈禧及慈禧的随从，体现在对推动经济、军队、学校现代化的尝试中，试图让中国学习那些让西方国家变得强大的经验。这就是1898年的"百日维新"。"百日维新"的发起人是光绪皇帝，他想通过建立君主立宪制，创办学校和采用资本主义的经济管理模式等使国家工业化，以此将中国从帝国统治里解放出来。三个月后，慈禧本人通过一种类似于政变的形式结束了这次尝试。在世纪之交的时候，想要知道中国能像西方借鉴什么有效经验的人，大都会选择去法国、英国、美国还有日本旅行。当鲁迅明白了他的父亲是因为中国传统医学的无能而死的时候，便去日本学习了西医。孙中山在1895年政变失败后躲到了日本；后来，他还回到那里娶了宋庆龄。可是慈禧明显厌恶对中国抱有敌意的日本。慈禧行事的特点是她既想将她的国家西方化，可是心里又有一种强烈的民族情感；思想的矛盾体现在了行动的矛盾中。

第二章 找到看中国的正确姿势

第二种反应来自民间。首先要提的是1851年爆发的太平天国运动。这是一次农民起义，也是一次具有现代意义的革命；这也是一次反清、反帝、反抗英国侵略的农民运动，持续了十五年，在南京一带建立了一个所谓的政权——太平天国。紧随其后的"义和团"运动也是一次基本由农民领导的民间运动，发端于山东，目的是反抗德国人的镇压。某种程度上，西方人——准确地说，是德国人、奥匈帝国人、美国人、法国人、英国人、意大利人、日本人、俄罗斯人——将从这场运动中挖掘出中国人的爱国主义精神。㊾

第三种反应来自要求成立共和国的支持者们，其中的代表人物便是孙中山。这些共和党人痛恨帝制，从而反对清朝。孙中山在创建于日本的中国同盟会的基础上创立了国民党。1911年末，爆发了民主革命，成立了中华民国，孙中山出任临时大总统。这个共和国不仅仅是反帝制的，它也是反帝国主义的。然而，这个在大清帝国倒塌中浮现出来的中华民国，并没有能力完成它的使命，特别是实现它作为一个现代国家的使命。它不仅很快变成了一个先由袁世凯，后由蒋介石领导的集权国家，而且并没有成功实现国家的统一，反而使国家落入了军阀割据的局面。这让中国的国力大大减弱，而不断增多的武装冲突又使农民们最先遭了殃。立刻，来自四面八方的地区试图摆脱中央的势力，危机四伏，内战肆虐，绑匪横行。大城市里，蒋介石投入对共产党进行的压制性的屠杀中。1931年，满洲成立了"伪满洲国"，形式上由清朝的最后一位皇帝溥仪领导，实际上则由日本控制着。1937年，日本大举入侵中国，占领、屠杀、抢掠，战争一直持续到1945年。在西方，我们深深记住了纳粹的残忍行为；然而我们却假装对日军的残忍行为——比如南京大屠杀㊳——一无所知。日军的侵略不仅仅像西方侵略那样带来国耻之恨，它还迫使那些试图逃离日军暴行的人远走他乡。国家经受着骇人听闻的残酷洗礼。

中华民国失败了。它宣称可以找回中国在帝国主义统治下丢失的尊严，却无法阻止中国在这种前所未有的形势下倾颓。

很难想象中国人在这么多灾难的积累下所感受到的痛苦，而中国共产党就是尽力使他们的同胞相信，有了他们，中国便可以摆脱这种耻辱；不仅是说说而已，他

第二章　找到看中国的正确姿势

们也尽力拿出事实作为证据。共产党在农民的支持下打开了自己的道路，城市是最后被征服的，知识分子与商人终于也团结在了一起。

1949年以后，中国除台湾外恢复了统一。它在1997年收回了香港，1999年收回了澳门，并且没有一个中国人会不相信他们能够和平收复台湾。工厂很快重新投入运转，铁路恢复运行，通货膨胀得到了控制。重建的速度是惊人的。中国人的特点——勤劳与聪慧——在此发挥了重要作用；而爱国主义精神，以及对尊严与独立的渴望也扮演了重要的角色。

中国在国际竞技场上重新成为一个举足轻重的政治力量。同一时期，中国得到的认可与尊重也越来越多。中国获得了更多的尊严，这对于每一个中国人来说都是至关重要的。与苏联的决裂，与美国关系在20世纪70年代初的缓和，以及理查德·尼克松与毛泽东在1972年2月的会面等，都为北京的政治制度获得国际上的认可拉开了序幕。美国的同盟国纷纷跟着它们的老大向中国表达了敬意。依旧是在同一时期，中国有了自己的核武器，成为联合国安理会的一个常任理事国。毛泽东常常使用一个寓言故事来概括这一时期："愚公移山"(54)。愚公是一位老人，他的家与城市之间被一道山隔开了。一天，他想用一个铲子和一个十字镐铲平这座山。他的一个邻居嘲笑他，确定他永远不可能做成这件事情。愚公回答他说，他当然不指望自己能够完成这项工程，可是他还有子子孙孙，他们会跟随他继续完成这个目标。这个寓言讲的是对人类决心的信心：没有不能成功的事。

毛泽东去世后，中国重返世界舞台的任务，将由邓小平通过一系列改革来继续完成。这些改革将使中国成为世界第二大经济体。邓小平喜欢引用另一个历史典故："草船借箭"。这个故事发生在三国时期，典故写于15世纪到17世纪的历史小说《三国演义》(55)。诸葛亮是一位伟大的谋士，为了获得打仗用的箭，他在一个雾蒙蒙的天气里，把许多稻草捆起来立在船上，让敌人以为是士兵，纷纷射箭；诸葛亮再将这些射在稻草上的箭收起来为己所用。在改革时代，这个例子用来说明人们可以借用西方的技术，以实现中国的现代化。

当中国在经济领域全面超越日本的时候，我们是惊讶的，至少对于我们当中那些关注经济动态的人而言，

第二章　找到看中国的正确姿势

这一消息是足够令人震惊的。然而在大部分中国人眼中,这一成果则是理所应得的荣誉,因为他们觉得成功靠的是自己正确的选择。自此之后,类似新闻便铺天盖地而来,宣告着中国经济的腾飞和科技的成功。于是中国便很自然地成为某产品的首发地,或某商品的领先制造国。甚至在军事、航天、太空、计算机等方面,中国也自然而然地成了领军者,斩获一系列新的成功。虽然还有很多中国人可能很穷,但是中产阶级的数量却在不断地上升,与此同时,人民生活的质量也在稳步地提升。

第三章 该西方睁眼看中国了

此章进入到中国的未来问题，以及我们法国人、西方人以后应该以怎样的眼光看待中国。

第一节 用怎样的眼光展望中国未来

对未来的展望必须谨慎而谦逊。但我们仍敢于进行这样极具风险的操作，是因为对预测中国的未来这件事我们已经习以为常。主流观点认为中国处在一个悲观的状态，并一厢情愿地为中国勾勒了一个灾难般的，却要在幸福快乐中终结的未来。甚至这种未来的模式都大同小异：经济危机、政治危机，甚至是革命。在最开始，关于中国的灾难引起了人们的关注，然而中国却似乎要成为世界第一大国了，虽然这令人怀疑，因为如果要成为超级大国，仅仅拥有很高的国内生产总值①是远远不够的，这很让人恼火。处于共产党领导下的中国要成为世界第一大经济体？这无法让人接受！

让·皮埃尔·拉法兰从来不是毛主义者，他青年时活跃于支持德斯坦的年轻人中，后来整个政治生涯都属于右派，但他是现今不多的几个睁眼看中国的政治家之一。他用自己的方式很好地提出了问题："是时候正视中国，认清两个赤裸裸的事实了：是的，在世界所有其他地区的生活中，中国已经成了重要的一部分；是的，中国正在担起符合其地位的责任，正在书写自己命运的篇章，也在协同书写世界命运的篇章。就这样，一个长期跟随摩托车前进的奔跑者，奋力蹬着突然获得的自行车，把摩托车远远甩在了身后。"②

人口与未来

人们通常认为，人口数据比经济数据和社会数据更适合用来预测未来。但这不确定，理由很简单：没人知

第三章 该西方睁眼看中国了

道什么能让一对夫妻要或者不要孩子。中国人口的特别之处增加了这种不确定性：政府主导计划生育。举个例子，我们确实可以认为，积极的家庭政策对法国人口有着不可忽视的作用。但是在中国，政府主导不仅仅限于宣传号召。中国称为"计划生育"的政策具有强制性，并即时生效。因此，1979年通过的独生子女政策效果立竿见影。没人预想到政府的此项决定，因此即使是很了解中国的人口统计学家，也无法预料其影响。

从另一方面说，我们通过人口也能发现西方思维对中国的成见和偏见。有一个传播甚广的观念：独生子女政策限制了每对夫妻能合法生育的子女数量，该政策取消后，中国将迎来一次大的人口增长，但中国会继续并永远变得越来越危险，因为其人口过于庞大。为了养活他们，中国政府要增加外部保障以保证充足的粮食供给。如果中国有办法进口足够多的粮食，粮价就会上涨，这会给很多贫穷国家带来最糟糕的影响，给粮食生产国的环境带来的影响也不会好到哪里去。或与此相反，中国人口减少，这将会更糟：中国将无法赡养大量的老年人，也无法给予他们好的照顾；中国的劳动力也会出现短缺，为了填补这些空缺，中国需要实施其他更大力度的干预，包括内部和外部两方面。总而言之，中国是一个人口巨人，但因为是中国，巨人便成了威胁。③

中国是当今世界人口最多的国家。但其实，它一直都是。中国曾在两个时期内呈现出急速增长的态势：18世纪，中国人口从1.5亿增至3.3亿（占当时世界人口的三分之一多），增长了一倍多；以及在20世纪下半叶，1949年革命之后，又呈成倍增长，从5.58亿增至12.94亿。根据2010年最后一次人口普查，中国人口被估为13.73亿④。

预测中国从现在到2050年的人口增长意味着有多个假设。

第一个假设是男性和女性平均预期寿命的接近，即87岁上下，目前的平均寿命比预期寿命低五六岁。

第二个是女性生殖率会稍有提高。稍有提高是因为虽然政策发生了变化，允许今后每对夫妻生两个小孩，但我们并不能确定是否会有很多女性愿意享受这种可能。首先，追求高等教育的女性越多，她们就会越晚结婚。尤其还因为，在独生子女时代，夫妻已经习惯了只生一

第三章 该西方睁眼看中国了

个带来的舒适生活,这是两个孩子无法带来的。在舒适感之外,还牵扯到住房问题,父母已经习惯于替独生子女做好要学习深造的打算,只要孩子有兴趣和能力。他们想给第二个孩子提供同样的机会,但很多父母并没有这样的经济能力。

第三个假设与移民有关:外国没有移入中国的,但移居海外的人数有些许增加,尤其在出国留学的年轻人,和一些为了生意和家产的富人,这已是事实。中国没有很强的移民传统,至少不太会向比周边国家更远的地方移民。唯一一个比较大型,目的地较远的移民潮,是前往美洲大陆,这和19世纪下半叶糟糕的经济形势及由此引发的失业潮有关。我们要永远记得,中国和接收国之间的人口差异非常大,以至于移民出去的中国人在接收国好像很多,但对中国来说却不算什么。另一方面,在一个45%的人口依然生活在农村的国家,仍保留着充足的廉价劳动力,因此不需要依赖引进移民这一手段。这些劳动力在长时间内都很有用,直到农业人口达到所有现代国家的水平:即占全国总就业人口的2%—5%。

根据上述预设,截至2025年,中国的人口增长率都会比较乐观，但是2025年到2050年会悲观起来。65岁及以上人口会继续增加，尤其在2025至2040年之间会急速增长，与此同时，20岁以下人口会稍有减少，到这一时期末，其他年龄段的人口会和2000年持平。因此，如果赡养老人的问题较难解决，政府就要推行一系列强硬措施：如延迟退休年龄，鼓励多生小孩，等等。

对未来的预测和克制的女性生育率有关，结果显示，中国人口在经历2023—2024年之间的增长，以及持续至2050年的下降之后，将会逐渐减少至13.5亿、12.5亿甚至11.5亿。其他人口学家也提出了不同的数字，但都符合一点：到21世纪20年代中叶，中国人口会持续增加，然后开始逐渐减少。

有必要提醒一句，要谨慎使用这类人口预测。尤其是出生率，如同自杀一样，它也取决于非常多的人为标准，因此我们可以对其进行准确的预测。看看20世纪后50年，可以发现，中国女性生育率从1962年的7.55变成了2000年的1.89。当我们知道生殖力是人口发展的主要因素时，我们更要慎之又慎。

造成中国未来人口不确定的另一个因素与少数民族

人群有关。独生子女政策并不适用于少数民族，因此少数民族人数会增加。汉族夫妻现在可以生两个孩子，但少数民族生育政策更加宽松。因此单从数学上来说，少数民族比例在未来几年中仍会提高。

因此可以合理预测，汉族在中国人口中会保持90%左右的比例。

但可以确定的是：就业年龄人口会减少，或相对会减少，以及老龄化人口会增加。和这个国家的传统相反，非就业父母与其就业子女之间的物理分离会让年轻人赡养老人的问题变得困难：人口发展会成为子女孝敬父母的一大障碍！

至少能由此得出结论，在中国人口可预见的发展中，西方反华人群希望从中看到的灾难一个也不会发生。中国正在快速用与其政治体制的性质相结合的新方法进行人口改革，并将继续下去。唯一可以从中看到的结果，就是整个人口生活水平的提升，但这种提升可能并不平衡。

经济形势未来仍向好

中国的国内生产总值（PIB）位于世界第二，在美国之后。但世界银行按照相对购买力指标（PPA）来估算PIB，早在2014年就将中国列在了美国前面，成为世界第一。2014年中国的经济规模为18万亿美元，而美国为17.4万亿美元。世界银行还预测，如果用同样的估算方法，中国的PIB将在2020年达到27万亿美元，而美国为22万亿美元。虽然中国经济增速与1990—2000年相比已放缓，但年均增长率仍会保持在6%—7%，明显高于西方国家，包括美国。尽管如此，正如中国领导人常常强调的那样，中国仍是一个相对贫穷的国家。同样的计算方法下，中国的人均PIB曾被估为13217美元，排在世界第81位。但要谨记，这样的数据不能完全反映现实：中国的城乡差异大、最为发达的沿海地区和中西部地区之间的差异也很大。

中国有三分之一的劳动力从事农业活动，但只贡献了10%的国内生产总值（PIB），与此同时，工业占据了全国30%的劳动力，对PIB的贡献达到47%。

没人会对以上客观数据提出异议。也没人会质疑，中国经济自邓小平改革以来获得了飞速的发展和快速的增长。不仅仅是PIB的增长，出生率也有了限制，中国

第三章 该西方睁眼看中国了

人因此从中得到了更多的好处。还有中国在世界经济中的地位,中国自2013年就在世界贸易中占据了第一,并持有最多的外汇储备,但一直到20世纪70年代,中国都在自我反省。2015年,中国持有4万亿美元外汇,其中三分之二是美元,四分之一是欧元,其余的是英镑及其他货币。从那时起,出于对外国货币价值未来的不确定,中国政府决定逐渐、适当地减少外汇储备。在八九十年代以及21世纪初,当中国PIB以年均10%以上的速度增长时,其出口也在以年均14%、后20%的速度增长,比进口高很多。

我们一致同意中国经济在未来会继续增长,即使放缓也能巩固其世界第一的地位。更难预测的是增长内容、中国经济结构的变化,以及对人口和世界经济带来的影响。当然,从今以后,对世界经济,尤其是西方国家的经济来说,中国不再无足轻重。⑤

主流观念谈到中国经济的未来、中国国内生产总值和对外贸易时,只会使用数字,并总是得出同一个结论:中国未来经济令人担忧,中国企业要开始征服西方企业了。举个例子,为了开创先例并推广,法国人抓住一切中国来法国企业投资的机会。我们还焦虑地认为,中国人将会购买大量现代化武器,到那时,军事危险便会显露出来。主流观念并没有将中国经济的崩溃排除在外。中国的危害离我们很远吗?当然不是!有利于我们的巨大市场将会消失。我们将无法继续向中国出口我们的核电站、汽车、飞机、高速列车,等等。也许,一旦中国的经济危机加剧且时间延长,我们就得面对中国人向西方国家的移民潮,或者说是入侵。

这种观点再一次印证了我们对中国实际情况的无知。

首先,中国人没有统治世界的渴望,也没有能统治世界的手段。中国人当然和全世界人民一样,希望经济能发展,物质生活水平能提升。但和西方人不同,他们不认为这要通过统治他人才能实现。

而且,中国人不教条。他们不像"大清洗"时期的苏联,也不像被里根(Ronald Reagan)和撒切尔(Margaret Thatcher)时期的极端自由主义思想滋养的西方人一样,会被束缚于某个具体的经济学说。我们把一些我们误以为是马克思主义但其实不是的思想归给了中国共产党,这是因为西方人经常会将马克思主义和苏俄

第三章 该西方睁眼看中国了

的马克思主义搞混。因此他们认为，马克思主义会导致国家对对外贸易的控制，苏联自"十月革命"起就是这种情况，因为苏联当时是欠发达工业国家，然而马克思一生都是自由贸易的绝对支持者。2017年1月，习近平主席在达沃斯世界经济论坛上发表演讲，没什么比此次演讲更能显示出教条主义在中国的缺席。在多国公司的领导面前，他赞颂了全球化，并告诉大家中国已经成为世界第二大经济体，但不是通过武力征服，也不是通过殖民掠夺，而是通过"中国人民的辛勤劳动"。他还说，全球化使得中国人民得以坚持这条道路，并且会有这样的未来：资本、商品和科技知识都可以自由流通。他的听众十分惊讶：他们通常以美国为榜样，但当美国新总统公开表示要回归贸易保护主义时，他们听到他们一直认为是"共产主义的"国家的领导人在为全球化唱赞歌。

2013年以来，中国官方宣布了一个新的经济政策方向：不再通过出口保证经济的快速增长，而是使内部消费成为更稳健的增长（年均6%—7%）的动力。为了预测中国的经济，我们将试图探究这条艰难蜿蜒的道路。

根据中国经济学家黄益平的著作[⑥]，米歇尔·阿格列塔（Michel Aglietta）和白果（Guo Bai）特别强调，为了走这条建立在内部消费基础上的经济增长道路，中国有必要改变目前的商品价格关系。为了使消费成为中国经济增长的中心，需要进行利于劳动者的大规模财富转移，也就是把钱从潜在的地方转移过来：比如借款人，尤其是最富有的借款人；大型国有企业以及地方政府，考虑到经济增长和通货膨胀，他们享受着极低的贷款利率；最主要的能源消费者，因为中国能源价格远低于世界水平，以及能源生产者，对他们来说，即使自然资源的获取不免费，价格也非常低廉；地产获得者，包括耕种者和建造者，因为地方政府给土地出让者的补偿非常少；以及污染型企业，它们因排放二氧化碳及其他污染物缴纳的税金远远不够。至于劳动力成本，大概是发达国家的10%，因此将新产生的财富直接转移至消费者有着充分的余裕，而这一切由雇主买单。

这种经济发展要素之间价格关系的变化显然不能迅速实现。如果能，则要长达几十年，而且有风险。未来政府将使出浑身解数，采取必要的措施以达到此目标，同时，不会因为某些领域价格的上涨（能源、住房、贷款）而摧

第三章 该西方睁眼看中国了

毁中小企业,削减广大消费者能从中获取的利益。

中国经济以后会发生的第二件事,是服务业的发展。服务业从业人员所占比重依然较小:2010年,服务业占34.6%,而第一产业占36.7%,第二产业占28.7%。这对于中国经济发展的现有阶段来说远远不够。还需注意,1978年,也就是改革开放以来,工业就业人口比重不断上升,从17.3%增至28.7%。但可以确定农业就业人口在不断下降,服务业便间接从中获了益。

因此要发展多个服务业领域:商业服务还远远不够;教育对经济发展水平的提高来说是必不可少的,目前教育行业由政府全权负责;货物的运输和分配仍主要由国有企业监管,但对其来说行政分级并不是最有效的制度;医疗卫生目前也完全由国家控制,国家号召私有医疗机构能在卫生服务业中也占有一定的比重。

人口老龄化,和在接下来的20年中会涉及4亿中国人的城市化,会使得这类服务业的发展变得不可或缺,它直接关系到整体人口生活水平的提高。其中一部分现已纳入政府部门的计划中,其余部分仍没有被提上日程。但它们并没有因此和向内销转型的中国经济增长脱离关系。

预算是引导经济生活的重要手段。相比其他国家，中国更是如此。和西方国家不同，中国政府的决策不受民主制度的约束，因此有更加自由的方式。从改革时代初期开始，预算支出在 PIB 中所占比重发生了很大变化，从 1978 年的 30.8% 到 1995、1996 年的 11.2%，最终在 2010 年又升至 22.4%。这一变化显示，政府在调节税收中起到了一定作用。从中可以看出相关政策方向：继续减轻对中低收入者的征税，同时加重对高收入人群的征税；从大型国有企业的利润中征收更多的税；向能源资源征收更多的税以向新能源领域注入更多资金；用税收更好地控制土地活动，尤其要使税收更集中化，减少仍在征税的地方机构的数量（中央、省、市、县、小城镇）。集中化会对预算收入带来影响（目前在中央和各地方机构中几乎分配平均），尤其还会对预算支出带来影响，现今只有 20% 的预算支出掌握在中央手中。

在接下来的二三十年中，中国经济将发生变化的第四件事，是社会保障，该领域现在仍有非常大的空缺。主要涉及退休问题，该问题在农村并不普遍，但在城市也没有得到充足的保障。退休金平均能达到工资的33%——通常工资很低。退休制度若能覆盖城市人口的90%，那么农村人口的25%也勉强能被覆盖。还涉及医疗保险问题。中国政府现在的目标是医疗费用能在2020年达到全面覆盖，但不能全部报销医疗费。也就是说，很多中国人即使享受这种社会保险，也无法求助于极其昂贵的治疗以维持生命。私人医疗保险正在发展中，随着工资上涨，私人医疗的发展，以及最不能缺少的政府支持，医保的全覆盖就一定能实现。该领域的需求已经足够强烈，以至于政府要为其找到解决方法。

最后，中国的经济会向清洁型经济转变，也就是会产生最少的污染。中国人需要能源：大量的工业生产、运输业、供暖、空调设备，以及现如今电子产品和电器的广泛使用。但是这些活动和环境保护的联系也尤其紧密，因为环境很容易遭到破坏。中国人不是生态学家。他们愿意承认，核电站不会产生二氧化碳，但是会产生清洁能源。不过他们因为煤炭、石油的燃烧和一大部分工业活动带来的污染遭了不少罪。针对减轻污染，政府已经开始行动了，并且在未来几十年里会采取更严格、更有效率的措施。保护环境正在进行中：很多使用两轮交通工具的中国人通常选择骑电动车出行。相关部门也在竭尽全力保证电动汽车的大批量生产和合理的价格。中国在两轮电动交通工具方面的领先，有可能也发生在汽车领域。

在中国存在已久的环境污染是引起严重社会动乱的潜在原因。

在将来几十年，中国经济的上述转变会带来什么后果？一个"资本主义的保护人"，还是人们常用英文说的，一个"福利资本主义"国家？显然会是乐观的结果。错误永远都有可能发生，中国也不能从世界范围的经济危机中全身而退。中国会迎来资本主义吗？丹麦经济学家哥斯塔·艾斯平·安德尔森（Gøsta Esping-Andersen）区分了三种资本主义⑦：自由主义、保守主义和社会民主主义。中国不会成为这三种中的任何一个，而是一定会走另一种道路。

对中国现实不能一无所知

不少西方人对中国内部演变及去向这方面的预测是这样的：有朝一日，中国会以这样或那样的方式，逐渐

第三章　该西方睁眼看中国了

地或是通过暴力革命，在必要的情况下，分裂或最终走向民主。

以上观点又一次显示了对中国现实的一无所知。或者是不知道，或者是完全不理解。

中国的政治体制不是我们所谓的专政，它不像欧洲和很多第三世界国家一样有一个终身独裁者，中国的情况还处于一个新的形式之下。中国也没有终身的国家元首。比起行使权力的个人，政治系统的长期维持更重要，就像在过去，王朝的绵延是最重要的。

同时，中国也有宪法。最后一部宪法于1982年制定，针对所有权、"社会主义法治"概念及人权保护等问题进行了多次修订。1912年曾颁布过一部共和国宪法，虽然具有宪法性质，但实施艰难，几经更迭。1949年以后，曾于1954、1975和1978年分别通过三部宪法。但是宪法观念的根源不在中国，它发源于西方，经由日本传入中国。从 constitution 翻译过来的"宪法"一词其实也是日本的创造。意思与"宪法"最为接近，但仍差很多的中文词语其实指的是"法统"。

中国人非常重视国家统一，这对他们来说是国家力量的保证，也是在国际舞台上得到尊重的保证。历史上长期处于分裂的中国一直都是弱国。所有中国人都知道，至少读过或听说过中国古典名著《三国演义》(Les Trois Royaumes)。该小说第一句就谈到了中国的统一和分裂，并对分裂感到惋惜。

中国人还知道，在更近一点的20世纪，中国在1911年推翻帝制以后军阀割据，但却无法将占领其领土的欧洲人驱逐出去，在这之后也无力反抗日本的侵略。但是他们坚信，或者感到恐惧的是，分裂会导致国家的衰落。

更普遍的情况是，中国人并不反对民主本身，而是反对西式民主在中国的嫁接。他们认为，在中国这样一个辽阔多样的国家，不同地区之间的生活水平也有巨大差异，西式民主会引起难以解决的混乱。中国没有类似于法国夹杂着马克思主义的无政府工团主义的传统。1789年大革命和《杜歇老爹报》⑧创办以后，无政府主义在法国广泛传播但直至20世纪初才在中国出现，而且只出现在中国的知识分子群体中。中国倒有农民起义的传统，但常常和有反抗精神的文人联系在一起，通常是因为他们遭受了腐败的官员不公正的对待。

大多数中国人有其他顾虑和需求：首先是生活水平的提高，这是全中国人民的愿望，当然极少数已经拥有想要的一切的富人除外。其次是反腐，尤其官僚系统出现的腐败，中国人直接承担了它所带来的后果。最后，中国人极其迫切的需求和环境有关，主要是环境保护，治理环境污染。

中国不会立志于成为帝国

明天，而不是昨天或者今天，中国不会立志于成为帝国。这个国家不会有征服境外领土的打算。中国没有这个传统，也没有这个兴趣。但其外交政策所追求的目标不会因此而变少。

第一个目标毫无疑问就是捍卫边境，无论是中国领导人还是普通公民，这在他们眼里是最重要的。19世纪初中国的国土面积达到了最大。它现在的边界主要源自一系列不平等条约，包括俄罗斯在内的西方列强和日本，用战争的方式强迫中国与他们签订了这些条约。西方国家并不是不清楚这一事实，因此他们如今也担心中国想要追回因不平等条约而被侵占的土地。然而要知道的是，我们的边境概念在中国是最近才出现的事，只能追溯到20世纪。在这之前，边境在中国是一个模糊的概念，和我们习以为常的不一样，它和地理空间上的具体界限不一样，而是延伸至所有隶属于中国的有贡税义务的地区。

还有海洋边界问题。中国政府经常强调，中国海域的岛屿争端将会通过协商而不是通过武力解决。有一件事可以确定，那就是绝大多数中国人会毫不犹豫地支持政府为了收回争议岛屿所做出的一切尝试。

中国关于邻国的外交政策的第二个目标：尽可能与支持中国的友国为邻。这也是所有大国的愿望。为了达到该目标，中国会力所能及地维护必要的和平。日本是其中存在的一个困难。日本人在1937年至1945年期间犯下的罪行既没有被忘记，也没有被原谅，而且日本也从未就此真诚地道歉过。如果想对中国人和日本人对彼此的看法、感情有一个概念，可以读一读张纯如所著《南京暴行：被遗忘的大屠杀》(*Le Viol de Nankin*)，张纯如在南京大屠杀60周年时出版了该书。她在书中描写了大量骇人听闻的惨事，即便在法国占领时期（1940~1944年德国对法国的占领）或在其他国家，纳粹

第三章　该西方睁眼看中国了

也从未干过这样残忍的事（当然迫害犹太人除外），因此很难想象中日关系会怎样走向正常化。尤其日本人为了纪念他们国家的战争罪犯还建造了靖国神社，就好比德国人为了纪念希特勒及其最亲密的合作者，在柏林建了一个教堂。1937年在南京，当日本人杀死一个婴儿时，不是把他砍成两份，而是四份。我们在别处、在以前、在以后，都从未见过这样的事。然而日本人对此拒不承认，他们的教科书也禁止出现相关内容。而美国和其盟国一起掩盖谎言，因为他们在亚洲需要日本：为了反对"共产主义"中国，没什么比日本这样的盟国更为重要的。

在接下来的几十年中，有两件事会导致日本衰弱：日本的种族主义禁止一切移民手段，因此也断绝了增加国家人口的一切可能；以及美国可能会采取孤立政策，这会导致美国减少在日本及东亚的军事部署。除此之外还有自然因素，即地震。

与此同时，中国正在也将会通过双边关系和上海合作组织⑨、东南亚国家联盟⑩两个国际组织，尽全力与邻国建立良好关系，经济合作在其中起主要作用。

上合组织成立于2001年，起源于1996年举行的洲际会议。主要由中国周边国家组成，俄罗斯联邦、印度、哈萨克斯坦共和国、吉尔吉斯共和国、乌兹别克斯坦共和国、巴基斯坦。阿富汗和蒙古国是观察员国成员。阿塞拜疆、柬埔寨和尼泊尔作为对话伙伴国也参加了该组织各次峰会。上合组织的目标十分明确：和平稳定、互相信任，促进各成员国之间的经济和其他领域合作。上合组织每年都会在其中一个成员国举行峰会。为了更好地稳定和保证与邻国的关系，中国会在将来更加重视这一组织。

打击"分裂主义、极端主义、恐怖主义"是上合组织的官方目标之一，为了实现该目标，维护成员国安全在其行动中占据了越来越重要的位置，虽然经济方面，尤其是能源合作的重要位置依然保持不变。

中国未来外交政策的第三个目标：保证在其海洋领域的通航自由和安全。这对中国来说是一个至关重要的挑战：中国主要的国际贸易经过这片海域。该目标并没有遥不可及，因为已经实现了。但是能不能维持取决于中国有没有能力谨慎、巧妙地处理好中国海域内岛屿的主权问题。考虑到通航自由的重要性，我们可以不过分

第三章　该西方睁眼看中国了

乐观地预测，中国在坚持海洋和陆地主权之余，将会继续保持和其海域沿岸国家的友好关系。中国在这方面面临的主要困难不太在于中国沿岸国家，更多来自于能用军事力量封锁该地区海上交通的美国。

第四个目标：扩大对外事务的范围以方便贸易。由此一来，中国便可以开展收购欧洲港口如希腊比雷埃夫斯港和法国勒阿弗尔港，以及欧洲机场如法国图卢兹机场股权的战略了。当欧洲国家投资港口需要资金时，中国永远都会开出价格。但欧洲国家需要在社会权益领域耗费越来越多的资金，因此投资港口的资金就会越来越紧缺。中国不像西方所说的那样，试图将手伸到我们的港口基础建设上面去，而是为了控制贸易发展必需的海运和空运。

和往常一样，法国人很少对中国开凿尼加拉瓜运河的计划发表评论，这条海上通道将会沟通大西洋和太平洋，并将大大缩短加利福尼亚和纽约之间的航程。而且该运河宽83米，深27米，比宽55米深18米的巴拿马运河庞大得多[⑪]。2013年，尼加拉瓜国会以多数赞成票通过了经尼加拉瓜运河项目，并于2014年开始动工，预计将在 2020 年完工，预算达 500 亿美元左右。美国人显然不乐于看到这项工程的实施，这会让他们失去跨洋海运的霸主地位。因此，西方媒体以该运河会破坏尼加拉瓜的环境为由，将其称为一次"国际动员"，这一来自美国的论点不断被重提并广为传播。和运河一起的工程，还包括改造两个港口，建设一条输油管道和一条铁路线。根据之前与尼加拉瓜的协议，中国将获得该运河 50 年⑫的开发经营权，从该项投资中获得盈利。而且，中国由此获得了一条有用且避开美国的交通要道。中国用这种方式告诉全世界，这已经不是巴拿马运河刚刚开通的 1914 年了。那时候美国是美洲的霸主，并试图成为世界霸主。今天，美国应该对中国予以重视。无论愿不愿意，厄加拉瓜运河计划都会给世界打上未来中国的标记。

外交政策和国防政策以及军事政策都密不可分。

要理解中国人和中国军队之间的关系。自中国人民解放军创立以后，中国的军民关系就发生了变化。中国政府永远以军队服从于人民利益为信念。罗马人就曾说过"用长袍代替武器吧"⑬。这也是欧洲国家的主流观念：在美国和法国，国民选举出的国家元首同时担任军队首长。和

第三章　该西方睁眼看中国了

美国总统、法兰西共和国总统一样,毛泽东从未给自己授予过军衔。在中国,话是这么说的:"党指挥枪。"⑭

值得一提的是,部队还成就了一些在社会中有杰出、特别地位的个人。参军,这是一条对穷苦农民的儿子很有益的道路,也是提高他们社会地位的有效途径。

在 1949 年以后的近半个世纪,中国军队人数众多但技术上装备简陋,只有核武器是例外,中国政府很早就拥有了核武器。从 2000 年起,中国军队的境况很快发生了改变。十多年里,中国的军事预算翻了四倍。兵力虽然已经遭到了大幅度裁减,但还是很多:光解放军就有 225 万人(1980 年是 400 万人),不包括中国军队的另外两个组成部分,中国人民武装警察和中国民兵。⑮ 美国和西方经常指责中国过多增加军事支出。然而根据斯德哥尔摩国际和平研究所(l'Institut international de recherche sur la paix de Stockholm),中国于 2015 年将军事支出增至 1450 亿美元,位于世界第二,远低于美国的军事支出(5970 亿美元)。而且,中国人认为其军事支出只占国内生产总值的 2.2%,比美国(5.7%)低得多;而且中国人均军事支出(75 美元)也比美国(2000 多美元)、欧洲(600 美元左右）要少很多。

尽管如此，2000年以来军费的大幅度提高让中国的军事装备得以现代化，还获得了无人驾驶机、飞机、直升机，以及性能更好的远程导弹、军舰，尤其还有第一艘航空母舰，不久还会有第二艘。开始于20世纪80年代的大规模裁军使得此次装备现代化成为了可能。在中华人民共和国成立之初，大部分军事装备进口自苏联，但逐渐变成了由中国自主设计和制造。

将来，中国不会隐藏继续加强军队并使其现代化的打算。它也不担心邻国会带来军事上的威胁，包括日本。它更担心美国在亚洲越来越强的存在感以及可能由此引发的连锁反应。中国人并不排除美国人试图在东亚冒险的可能性。况且，至少从特朗普的声明中可以看出，他是一个十足的冒险家。中国人常常表明绝不会主动进攻的立场，但他们希望有能力抵抗或反击美国主动发起的一切会危害中国利益的军事行动，特别是中国海域的通航自由。因此，仅仅出于威慑目的，中国也会采取一切必要手段，以获得最先进的军事装备，从而有能力与所有敌人对抗。

第三章　该西方睁眼看中国了

以上就是我们对中国未来的合理讨论，不掺杂任何过度的想象：中国，一个在国际舞台上站得越来越稳的国家。西方人很难理解，既不通过侵占领土，也不通过对他国政治军事的介入，这样的国家是怎样在国际上立足的？因为西方国家中的大国永远都是这样行事的。这再一次和西方人普遍的思维习惯发生了碰撞：我们的方法，我们的观念应该适用于每一个人。

我们必须承认，中国会用不同的方式思考、行动。不可避免地，中国会丢掉世界人口第一大国的地位。相反，它会在经济和军事方面得分，当然还有政治方面。它不会以美国的方式成为大国，况且就数量而言，中国会在很多领域超过美国，但在军事上仍将落后于美国。中国将面临的主要问题是和美国的关系。它要在合作和对抗之间斡旋，根据出现在中国对美政策提议上的措辞，要坚持"两手对两手"，也就是"又斗争又合作"。中国如今是美国在加拿大之后的第二大供应者，也是美国第三大客户，位于加拿大和墨西哥之后。而美国与中国的贸易逆差达到全球贸易逆差的70%。现如今，通用汽车在中国售出的汽车比在美国还多。同时，中国在美国的投资在不断增加,并且比美国在中国的投资增长更快。在储备方面,美国在中国的投资要高于中国在美国的投资(大概是两倍),但是在流量方面,前者不如后者。两国之间的经济财政利益联系如此紧密,以至于中国并不太担心贸易战这样的威胁,就像特朗普在选举活动中宣布的那样。

中国将会成为一个中等富裕的国家,考虑到人均产值,它离富裕国家还有一定距离。农民的地位不会再像今天一样,但也不会像现代工业国家一样,农业人口比重减少至就业人口的2%—3%。中国仍将长期处于发展中国家之列。

第二节 法国人未来看待中国的眼光

法国人改变对中国的看法需要时间,这会是一个漫长的过程。虽然法国人不会像其他欧洲国家、美国或拉丁美洲国家的人一样成为中国通,但是会有越来越多的法国人会抛弃偏见,因为偏见会对了解中国造成干扰。

这首先是在中国工作的法国人要做的事。和英国人相反,虽然很少有法国人移居国外,但越来越多的法国

第三章　该西方睁眼看中国了

人因为做生意要临时居住在中国。因为能日常接触中国的现实情况,所以他们对中国的看法更加客观。这种转变正在发生。如果我们询问那些定居在上海、武汉或其他地方的法国人,其中大多数对中国的印象都不同于法国的主流看法。

然后是学习中文的儿童和青少年。教育部部长没有在法国教育机构中大力发展中文教学。他没有考虑国家利益,而只是担心他所负责的行业的利益,他不想得罪那些现行语言的老师,这些人不希望在自己所教授的语言以外,有一门其他语言吸引学生,这样他们会失去学生的。然而,在富裕家庭中,父母的需求非常强烈。这些学中文的儿童和青少年住在中国,他们感受不到在法国听到或看到的关于中国的一切,而是形成了自己的看法,理性公正不带偏见。显然,要等这一代法国人来改变对中国的主流看法,需要很长时间,但会有效果的。

最后尤其要重视法国人的大西洋主义。法国人已经习惯了跟随美国政治、跟随美国人及其领导人的观念和看法。美国人在过去表现出了对中国的敌对态度,他们仍将继续。但他们不像法国人那样被反共产主义所禁锢,因为共产主义在美国从来都不是主流观念，也不会被当作内部危险。因此，一旦只有通过和中国保持良好关系才能获得利益，美国对中国及其社会的看法就会比我们温和。美国想保持世界第一大国的位置。但是在美国，实用主义比意识形态重要得多。这一点在美国（和英国）关于中国的电视纪录片中就能看出来：相比法国纪录片，它们更加客观，也没那么论战。可以肯定，和其他方面一样，法国人在这方面也会向美国看齐，进而丢弃他们的传统思维方式。

曾经对曼德拉和非洲人国民大会态度的转变，毫无疑问也会发生在中国身上。在很长一段时间内，西方领导人曾将曼德拉视为恐怖分子，更糟的是，他本人和组织被当作苏联共产主义的代理。随后在20世纪90年代初，美国人宣布可以与曼德拉进行来往，西方所有政客包括法国，马上服从，在当时没有什么事比去约翰内斯堡拜访曼德拉更重要。同样的，是美国人决定对中国的看法，同样的，法国人会马上跟随。

因此，要在美国那里找到第一个最快改变法国人对中国主流看法的动力。

结论　识时局之人不能对中国一无所知

孟德斯鸠曾说过:"识时局之人不能对中国一无所知"。在今天,该警示是绝对必要的:要认识中国。要认识中国,因为在目前和将来,中国在世界上扮演着重要角色。要认识中国,因为它和西方国家不一样,拥有独一无二的文明、文化和思想。

要认识中国,需要对它稍有研究,还需要学习其语言。中国记者郑若麟是上海《文汇报》驻法通讯员,他举了两个因不懂中文而发生误会的例子。[①]"龙"在法国和中国指代的事物虽然相同,意义却相反。在法国,龙是一种危险、残忍、作恶多端还会喷火的虚构出来的野兽。在中国,龙同样是一种想象中的动物,但它很善良,会为了让人类有好收成而天降甘霖，它如此善良又亲切，以至于中国皇帝都用龙来自比。很多中国人给儿子起名为"龙"。第二个例子：当我们谈论中国政治制度时，会使用很多不同的词语，比如 dictature（专制、独裁）、oligarchie（寡头）、autoritarism（独裁主义、专制政体）、totalitarisme（极权制）、autocratie（君主专政制度、独裁统治）、tyrannie（专制、暴政）、despotisme（专制主义、专制政治），我们很熟悉这些单词之间的细微差别。但中国人只知道其中一个：dictature[②]，它其实不是贬义词，因为几乎在整个历史中，中国都是被一种专制的皇帝力量所统治，这种权力只属于一个人。

  尤其要抛弃那些会扰乱视听的偏见。诚然，有一些偏见是善意的，但仍造成了同样的混淆。我们毫不怀疑，虽然不会像克洛岱尔一样承认爱上了中国，那不得不承认它确实引起了我们的兴趣。只要稍稍行动起来去探索中国，这种兴趣就会生根发芽。中国的文化、语言、悠久的历史和我们如此不同，熟悉起来需要一定的时间。不过即使我们花费了不少时间，那些对于了解中国很重要的东西依然晦涩难懂，比如书法、诗歌和绘画。在一

结论 识时局之人不能对中国一无所知

座中国博物馆里，我们会觉得自己像一个漫步于卢浮宫展厅却不了解《圣经》的人：永远都看不懂眼前的东西，有时候甚至不知道看的是什么。但是我们所看到的、读到的，会一点一点明晰起来。如果有发现中国的兴趣，一定会为它着迷，就好像发现了一个广博又丰富的世界，它永远都在飞速变化中：如果我们常去中国，城市风光的日新月异让我们对发展之快有了概念，这和古老的欧洲完全不一样。

我们尤其惊叹于经历了时间和制度变化的中国人维持传统、存在和思考方式的能力。

现如今所有人都在谈论中国或书写中国。有些人自相矛盾：在法国的报纸、广播电台和电视上，他们斥责工会最微不足道的提议，因为工会组织的罢工显然不利于法国经济的健康发展；他们谴责人道主义组织幼稚的理想主义，因为这些组织关心最贫穷的法国人；他们为那些凭借才能挣了大钱的人获得了职业上的成功而欢呼；但一谈到中国，他们便开始斥责中国没有工会自由，开始支持穷人，开始激烈地声讨有钱人，说他们发了不义之财。③

我们只是在尝试说明，如果缺乏对中国的认识，尤其用既定的对立态度代替本该有的认知,那么关于中国我们只能说蠢话。殖民者的蔑视和对反共产主义的执念在这里没什么用。因为中国人的民族情感比殖民者、反共产主义都更为强烈,这种感情与长久以来坚不可摧、无可替代的中国文化紧密相连。法国人和文化的关系不同于此。法国文化主要吸收了巴勒斯坦、希腊、罗马文化而形成,像多个国家组合起来的一样。早在中世纪,欧洲人就已经分散在旧大陆①各个国家的大学,并用拉丁语交流了。今天,美洲也加入了西方世界并用英语互相交流。因此我们不会将文化当作一国独有的东西:我们不会设想一种纯粹法国、英国或德国的文化;我们的文化是法国的、英国的和德国的,甚至更广泛,意大利的、西班牙的、俄罗斯的、美国的,等等。我们不能想象一种没有但丁、没有莎士比亚、没有陀思妥耶夫斯基的文化。我们的文化确实有一些民族特点,但这是一种多国文化。因此,我们和文化之间的关系,和中国人与其民族文化之间的关系并不相同。

很难承认,中国人很早以前就进入了文明时代,而我们过去一直处在野蛮时代。要想对中国有些许了解,

结论　识时局之人不能对中国一无所知

就要有变化。殖民的傲慢显然已经不合适了,即使这种傲慢仍有一息尚存。反共产主义在苏联时代流行过,但这些理由在中国身上行不通,半个世纪以后更是如此。这种反对共产主义的情绪根深蒂固:一个国家如果被当作共产主义国家,那它是不被看好的。而且,对于欧洲数量庞大的基督徒来说,一个无神论国家简直是不可想象的事,无论如何都让人不能接受。

这种西方的盲目只能通过一种单纯的态度来克服:热爱学习的孩童的态度。如此我们才能迎来进行有益思考的时代。换句话说,要用全新的目光看待中国。是的,不要害怕中国——这个正在发展中的泱泱大国。

注释

序言

①法兰西公学院（Collège de France），法国历史最悠久的学术机构。——译者注

②李白与杜甫，8世纪唐代诗人，是中国最伟大的两位诗人。

③大秦景教流行中国碑。"大秦"指古代中国对罗马帝国及近东地区的称呼。

④施耐庵所著《水浒传》、曹雪芹所著《红楼梦》。

⑤阿兰·佩雷菲特（Alain Peyrefitte），编有《论中国》（*De la Chine*），Omnibus，1997年。

阿兰·佩雷菲特，法国外交家、作家、学者。——译者注

第一章　就这样误解了中国

①马可·奥勒留（Marc-Aurèle），罗马帝国最伟大的皇帝之一。——译者注

②马里努斯（Marin de Tyr），70年—130年，地理学家。——译者注

③托勒密（Ptolémée），约100年—170年，数学家、天文学家、地理学家，《地心说》提出者。——译者注

④实为源于今叙利亚，其大本营后迁往今伊拉克并盛极一时。——译者注

⑤尼古拉四世（Nicolas IV），1271—1294年在位。——译者注

⑥即当时的元大都。——译者注

⑦李明（Louis Le comte）：《中国近事报道》[*Un jésuite à Pékin. Nouveaux mémoires sur l'état présent de la Chine*（1687-1692）]，Phébus，1990年。

⑧全名《中华帝国及其所属鞑靼地区的地理、历史、编年纪、政治及博物》（*Description géographique, historique, chronologique, politique et physique de l'Empire de la Chine et de la Tartarie chinoise*），海牙，Henri Scheurleer，1736年。网络资料。

⑨《耶稣会士中国书简集——中国回忆录》[*Lettres édifiantes et curieuses des jésuites de Chine*（1702–1776）]，Desjonquères，2002年。

注释

⑩ 汉语和鞑靼—满族语语言文学讲座（La chaire de langues et littératures chinoises et tartares-mandchoues），通称"汉文讲座"。——译者注

⑪ 法国国立东方语言文化学院（Institut national des langues et civilisations orientales），简称 INALCO。——译者注

⑫ 爱德华·赫里欧（Édouard Herriot），时任里昂市长。——译者注

⑬ 关于该主题，参见菲利普·巴雷特（Philippe Barret）：《法国汉语教学发展报告》(*Rapport sur le développement de l'enseignement de la langue chinoise en France*)，出自法国教育部国家教育总督导处（L'inspection générale de l'Éducation nationale au ministre de l'éducation nationale）报告，2008 年。

⑭ 孟德斯鸠（Montesquieu）：《论法的精神》(*De l'esprit des lois*) 第 19 章 18 节，《孟德斯鸠作品全集》(*OEuvres complètes*)，伽利玛出版社，七星文库系列，1951 年，第二卷，第 568 页。

译文引自孟德斯鸠：《论法的精神》上册，张雁深译，商务印书馆，1993 年，第 314 页。——译者注

⑮ 霍尔巴赫（D'Holbach），18 世纪法国启蒙思想家，哲学家。——译者注

⑯ 即"宋明理学"。——译者注

⑰ 柏应理（Philippe Couplet），比利时著名汉学家。——译者注

⑱ 柏应理（Philippe Couplet）主编，《中国贤哲孔子·中国之智

慧》（*Confucius sinarum philosophus，sive scientia sinensis*），出版人朱尔斯·丹尼尔·霍瑟梅尔斯（Jules Daniel Horthemels），1686年（应为1687年。——译者注），可于法国国家图书馆电子图书馆（gallica.bnf.fr.）查阅。

⑲ 重农学派创始人弗朗索瓦·魁奈的经济学哲学著作，朱勒·皮尔曼出版社（Jules Peelman），1888年。

⑳ 转引自谢和耐（Jacques Gernet）：《中国社会史》（*Le Monde chinois*），阿尔芒·柯兰出版社（Armand Colin），2005年，第454—455页。

㉑《赵氏孤儿》，《元代的三部戏剧》（*Trois Pièces du théâtre des Yuan*），双语版，Les Belles Lettres，2015年。

㉒ 彼得罗·梅塔斯塔齐奥（Pietro Metastase），意大利剧作家。——译者注

㉓ 奇马罗萨（Cimarosa），意大利歌剧作曲家。——译者注

㉔《中国孤儿》（*L'Orphelin de la Chine*），第4幕，第2场，《伏尔泰全集》（*Oeuvres completes de Voltaire*），Garnier，1877年，第336页。

译文引自范希衡：《赵氏孤儿》与《中国孤儿》，中国古籍出版社，2010年，第156页。——译者注

㉕《无知的哲学家》（*Le Philosophe ignorant*），第41章，收于伏尔泰：《杂选》（*Mélanges*），伽利玛出版社，七星文库系列，1961年，第903—904页。

译文引自孟华：《伏尔泰与孔子》，中国书籍出版社，2016年版，第

174—175页。关于伏尔泰思想中"己所不欲,勿施于人"和"己欲立而立人,己欲达而达人"之间的差别和对立,也可参阅该书。——译者注

㉖ 应为1398-1435。——译者注

㉗安东尼·华托(Antoine Watteau),法国18世纪洛可可时期画家。——译者注

㉘法兰西的路易(Le Grand Dauphin),路易十四之子。——译者注

㉙路易-斐迪南(Louis de France),路易十五之子。——译者注

㉚腓力一世(Philippe de France),法国奥尔良公爵。——译者注

㉛曼特农夫人(Madame de Maintenon),路易十四的第二任妻子。——译者注

㉜斯卡龙(Scarron),法国诗人。——译者注

㉝转引自伊莲·贝勒维奇·斯坦科维奇(Hélène Bélévicht-Stankévitch):《路易十四时代的中国风尚》(*Le Goût chinois en France au temps de Louis XIV*),Jouve et compagnie,1910年,第146页。

㉞玛丽·蕾捷丝卡(Marie Leszczinska),路易十五王后。——译者注

㉟蓬皮杜夫人(Madame de Pompadour),路易十五的情人。——译者注

㊱玛丽·安托瓦内特(Marie-Antoinette),路易十六王后。——译者注

㊲塞夫勒(Sèvres),法国皇家制瓷中心。——译者注

㊳暹罗（Siam），泰国旧称。——译者注

㊴让·菲利普·拉莫（Jean-Philippe Rameau），法国作曲家。——译者注

㊵奥诺雷·吴尔夫（Honoré d'Urfé），法国作家。——译者注

㊶侯和猴。

㊷特奥菲尔·戈蒂埃（Théophile Gautier），法国19世纪重要诗人、小说家、戏剧家和文艺批评家。——译者注

㊸转引自特里斯坦·于里耶（Tristan d'Huriel）文集《法国作家眼中的中国》（La Chine vue par les écrivains français），Bartillat，2004年。该诗节选自诗集《死亡的喜剧》（La Comédie de la mort）。

译文引自孟华：《试论汉学建构形象之功能——以19世纪法国文学中的"文化中国"形象为例》，载于《北京大学学报》，2007年，第44卷第4期，第99页。—译者注

㊹爱德蒙·德·龚古尔（Edmond de Goncourt），法国小说家。——译者注

㊺《玉书》（Le Livre de jade），Alphonse Lemerre，1867年，可于法国国家图书馆电子图书馆（BNF Gallica）查阅；《帝龙》（Le Dragon impérial）于1869年第一次出版，阿尔芒·柯兰出版社1893年版本见fr.wikisource.org。

㊻该主题见泽维尔·包利威（Xavier Paulès）：《鸦片在中国：1740—1950》[L'Opium. Une passion chinoise（1740-1950）]，Payot，2011年。（原文年份有误，应为1750-1950。——译者注）

㊼以法国元帅、军事家约瑟夫·霞飞的名字命名。——译者注

不得不说，中国人自有一套对付外国人强加给他们的事物的办法。他们将“Joffre”改译为“霞飞”，既有“飞翔的紫红色云彩”之意，也和法国名字相差不大。如此一来，当上海人走在这条街上时，不是走在霞飞将军路上，而是走在飞翔的紫红色云彩路上。

㊽今衡山路，曾是上海法租界主要干道之一，贝当是一战时法国陆军总司令的名字。——译者注

㊾哈巴狗是中国本土犬种，是京巴犬的别称。

㊿百日王朝（Cent Jours），指拿破仑一世被流放后重返法国，试图重建法兰西第一帝国的一连串事件。拿破仑重返帝位共101日，因此史称“百日王朝”。——译者注

(51)雨果（Victor Hugo）:《言行录卷2——流亡中》（*Actes et paroles II*，*Pendant l'exil*），《雨果全集：政论集》（*OEuvres complètes. Politique*），罗贝尔·拉封出版社（Robert Laffont），藏书系列（coll. Bouquins），1985年，第527—528页。

译文引自雨果:《雨果文集》第11卷，程曾厚译，人民文学出版社，2002年，第361—362页。——译者注

(52)皮埃尔·洛蒂（Pierre Loti），法国小说家和海军军官。——译者注

(53)占领时期（Occupation），1940—1945德国对法国的占领。——译者注

(54)艾蒂安·马纳克（Étienne Manac'h）:《远东回忆录——世界不

为人知的一面》(*Mémoires d'extrême Asie. La face cachée du monde*)，Fayard，1977 年，第 202 页。

㉕"黄祸"（péril jaune），指所谓黄种人带给西方的威胁。——译者注

㉖转引自何诺（Renaud de Spens）：《中国另类词典》(*Dictionnaire impertinent de la Chine*)，François Bourin Éditeur，2012 年，第 299—300 页。

㉗威廉二世（Guillaume II），末代德意志皇帝和普鲁士国王。——译者注

㉘意为吹毛求疵、挑剔。——译者注

㉙中国佬。——译者注

㉚有点疯疯癫癫的。——译者注

㉛让·德拉·盖利维耶尔（Jean de La Guérivière）：《法国人在中国：天朝大鼻子群像》(*Les Français en Chine. Portraits et récits choisis des longs-nez dans l'Empire céleste*)，Bibliomane，2015 年，第 119 页。作者在该书中修正了此说法，说明了告示上的详细信息："禁止狗和自行车入内"，但同时规定"中国人禁止入内，陪同老板的本地雇员除外"。这看起来像是借口，因为涉及我们的同胞，所以需要借口，但告示上的完整内容也不妨碍能得出以下结论：法租界公园禁止中国人和狗（以及自行车）入内。

㉜维克多·谢阁兰（Victor Segalen），法国诗人、作家、汉学家。——译者注

㉝保罗·克洛岱尔（Paul Claudel），法国诗人、剧作家和外交

官。——译者注

㉖亨利·米肖（Henri Michaux），法国诗人、画家。——译者注

关于谢阁兰和克洛岱尔，见黄蓓优异博士论文《谢阁兰与克洛岱尔：经由东方绘画的对话》(Segalen et Claudel. Dialogue à travers la peinture extrême-orientale)，法国雷恩大学出版社（Presses universitaires de Rennes），2007年。

㉕保罗·克洛岱尔（Paul Claudel）：《中国风物》(Choses de Chine)，《散文集》(OEuvres en prose)，伽利玛出版社，七星文库系列，1965年，第1022页。

㉖中国的石碑有不同的座向。书中除"东、西、南、北"四个基本座向外，还有"行路""中央"两个方向。——译者注

㉗程抱一，旅法华人学者、作家、法兰西学院首位华裔院士。——译者注

㉘赵无极，华裔法国画家，师从林风眠，获法国骑士勋章。——译者注

㉙转引自阿兰·佩雷菲特：《这就是戴高乐》(C'était de Gaulle)，Éditions de Fallois/Fayard，1997年，第二卷，第492页。

㉚埃斯库罗斯（Eschyle），古希腊悲剧诗人。——译者注

㉛基辛格（Henry Kissinger）：《论中国》(De la Chine)，Fayard，2012年，第260页及后。

㉜埃德加·斯诺（Edgar Snow）：《漫长的革命》(La Longue Révolution)，Stock，1973年，第210—211页。

第二章 找到看中国的正确姿势

①共济会（Freemasonry），亦称美生会，起源于公元前4000年，自从1717年成立英格兰第一个总会所，早期为石匠工会，有独特仪式和标志，后来发展成世界组织，成为权贵交流的俱乐部。有证据显示法国最早出现共济会是在1688年。1721年，一些英国共济会成员在港口城市敦刻尔克建立了法国第一个共济会所。法国共济会总会所建立于1738年6月24日，是欧洲大陆最早成立的共济会总会所。虽然罗马天主教宗克莱蒙十二世和本笃十四世分别于1738年和1751年两度颁发教宗禁令，禁止天主教徒加入共济会，然而在法国并未产生足够影响，共济会仍然在发展壮大。到法国大革命爆发之前，法国已经建立了很多会所。共济会是启蒙运动中瓦解天主教会和反对教皇权威的急先锋。18世纪的共济会组织体现出排外特征，下层的劳动阶层不被接纳，成员主要来自贵族、教士和中产阶层，有些会所完全由天主教教士构成。中资产阶级被共济会自由、平等的思想所吸引，成为主要的成员来源，因为在这里他们能够与贵族平起平坐。在军队组织中，共济会也有极大的影响力，很多后来拿破仑军队中的将军都是共济会成员。——译者注

②《妥拉》（Torah），又译为托拉，为犹太教的核心。它的意义广泛，可以指塔纳赫（Tanakh）24部经书中的前5部，也就是一般常称的《摩西五经》（Pentateuch）。它也可以被用来指由创世纪开始，一直到塔纳赫结尾的所有内容。它也可以将拉比注释书包括在内。妥拉的字面意

思为指引，它指导犹太教徒的生活方式，因此，所有的犹太教律法与教导，全部都可以被涵盖到妥拉中。——译者注

③十诫，根据《圣经》记载，是上帝耶和华借用以色列的先知和首领摩西，向以色列民族颁布的律法中的首要十条规定。其中，"不能谋杀"是十诫明确规定的一条戒律。——译者注

④对这个主题阐释最好的法语书籍莫过于程艾兰（Anne Cheng）的《中国思想史》（*Histoire de la pensée chinoise*, Seuil, 1997年），不过阅读这本书也不能代替对中国古代思想家原著的阅读！

⑤即"哲学"。

⑥弗朗索瓦·于连：《大象无形》（*Figures de l'immanence. Pour une lecture philosophique du Yi king*），Grasset，1993年。

⑦此处五书［《诗经》《尚书》《礼记》《易经》《春秋》］保留了作者在原文的注释里所给出的翻译。——译者注

⑧普遍认为道家思想的理论基础是老子的《道德经》。《庄子》是公元前4世纪庄周的作品，是一部哲学性大于宗教性的道家典籍。除了上述两部典籍，大约成书于公元前4世纪，列子的《冲虚经》也是一部奠基性作品。随后的几个世纪里，不同的作家作品丰富了道家学说的多样性，其中最有名的有：《楚辞》，编纂于公元前1世纪，收录了公元前5世纪—公元前3世纪的文章；《管子》中的《心术篇》，成书于公元前4世纪—公元前2世纪；公元前2世纪，刘安的《淮南子》。

⑨见《朱熹与陆九渊的文人之争》（*Zhu Xi et Lu Jiuyuan, Une controverse lettrée*），édition bilingue, Les Belles Lettres, 2012年。

⑩孔子：《论语》(*Entretiens*)，édition bilingue, Pékin, Éditions d'enseignement et de recherche des langues étrangères, 2009年，第11页。

⑪同前书，第9页。

⑫同前书，第93页。周武王推翻了商朝。尧和舜是中国古代两位神话中的帝王。据传奇记载，两人是通过禅让制而非世袭制登基称王的。

⑬《礼记》(*Mémoires sur les bienséances et les cérémonies*)，You Feng，2015年，第9页。

⑭孔子：《论语》(*Entretiens*)，édition bilingue, Pékin, Éditions d'enseignement et de recherche des langues étrangères, 2009年，第67页。

⑮子思：《中庸》(*La Pratique équilibrée, dans Philosophes confucianistes*)，伽利玛出版社（Gallimard），七星文库系列，2009年，第567页。必须在此注明的是，翻译古汉语的难度非常大。所有能做古文翻译的汉学家都是非常优秀的，其中一些汉学家将中庸翻译成"平衡的修习（pratique équilibrée）"，有些汉学家则翻译成"中正恒常（Impartialité et Invariabilité）"，另有一些汉学家翻译成"日常调节（Régulation à usage ordinaire）"，还有一些汉学家则翻译成"中道（La voie médiane）"！在中文里，第一个汉字的字面意思是"中""中间的"，第二个汉字在现代汉语里的意思是"平庸、平常"。

⑯稷下学宫，又称稷下之学，是中国最早的国立高等学府，始建于战国时期（公元前4世纪）的田齐桓公。稷下位于齐国国都临淄（今

山东省淄博市）稷门附近。——译者注

⑰ 吴敬梓：《儒林外史》(*Chronique indiscrète des mandarins*)，伽利玛出版社，1976年。对书名与中文更贴近的翻译是 *Chronique non officielle de la forêt des lettrés*。

⑱ 记者让·德·盖里维耶尔在《法国人在中国》一书中提出了相反的观点。然而他的见解显然并不准确，也可能是受到了误导。

⑲ 有关《山海经》的记载最早出现在西汉。

⑳ 关于这个主题，可参考雅克·潘帕诺《中国的文化与传统》(*Chine. Culture et traditions*) 第208—259页，此书由菲利浦·毕吉耶(Philippe Picquier) 出版社于2004年出版。更多的细节可参考雷米·马修所著《古代中国神话学与民族学研究》(*Étude sur la mythologie et l'ethnologie de la Chine ancienne*)，1983年由法兰西公学院中国学高等研究院（Institut des hautes études chinoises）出版。雷米·马修翻译了研究中国神话最基本素材《山海经》。

㉑ 见让·保罗·韦斯特在《现代中国词典》(*Dictionnaire de la Chine contemporaine*) 里撰写的词条，Thierry Sanjuan (dir.)，rmand Colin，2006年，第33页。

㉒ 参考陈观胜（Kenneth Ch'en）：《中国佛教史》(*Histoire du bouddhisme en Chine*)。

㉓ 见马可·波罗《马可·波罗游记》(*Le Devisement du monde*) 第二册第157章第384页及第181章第205页。正如我们所知，没有人能够确定马可·波罗是否真的造访过中国。马可·波罗讲述的关于中国

的事情，很可能只是他从漫游路上遇到的阿拉伯商人或波斯商人那里道听途说来的。马可·波罗的父亲尼科洛与舅舅马菲奥·波罗倒却是真的造访过中国。

㉔尼玛坚赞、王家伟：《中国西藏的历史地位》(*Le Statut du Tibet de Chine dans l'histoire*)，China Intercontinental Press，2003 年，第 351—352 页。

㉕见马克思、恩格斯《哥达纲领批评》(*Critique des programmes de Gotha et d'Erfurt*)，1972 年由社会出版社（Éditions sociales）出版，第 32 页。

㉖见《使徒行传》第二章第 44—45 页及第四章第 32—35 页。

㉗迟子建：《晚安玫瑰》(*Bonsoir la rose*)，法语版在 2013 年由 Philippe Picquier 出版社出版。

㉘《犹太人论坛》，2013 年 10 月 29 日。

㉙伏尔泰：《路易十四时代》(*Le Siècle de Louis XIV*)，收录于《伏尔泰历史作品集》(*Œuvres historiques*)，伽利玛出版社，七星文库系列，1957 年，第 1109 页。

㉚关于"宝船"这个命名有两种解释：要么是因为这些新的船只太华美了，简直像宝藏一样；要么是因为这些船只所带去的和运回的都是与各国礼尚往来的宝物。

㉛Lois Jules Ferry 或 Lois de 1881 et 1882，是法国在 1881 年和 1882 年颁布的两个教育法令，分别确立了免费义务教育原则、强制教育原则（要求所有 15 岁以下儿童——包括男童和女童——必须入学）

注释

和世俗教育原则。法令的提议者是律师出身的共和党人，曾数次交替出任法国教育部长和总理职务的朱尔·费里（Jules Ferry）。——译者注

㉜ Yang（阳）和 yin（阴）；qian（乾）和 kun（坤）；《易经》（*Le Classique des mutations ou Yijing*），édition bilingue，Yuelu，2009年，第3—21页。

㉝《诗经》（*Livre des odes*），第189页。

㉞《增广贤文》（*Sages Écrits de jadis*），第46页。

㉟《图兰朵》（意大利语：Turandot）是贾科莫·普契尼作曲的第三幕歌剧，剧本改编自意大利剧作家卡洛·戈齐的创作。普契尼在世时未能完成全剧的创作，在普契尼去世后，弗兰科·阿尔法诺根据普契尼的草稿将全剧完成。——译者注

㊱《湖南大公报》，1919年11月16日。

㊲ 这句话无疑是毛泽东说过的，却在他任何一部文集里都找不到。

㊳ 毛泽东：《湖南农民运动考察报告》（*Rapport sur l'enquête menée dans le Hunan àpropos du mouvement paysan*），选自《毛泽东选集》（*Euvres choisies*），第一卷，第45页。

㊴《关于社会主义兴起的几点介绍》（*Notes introductives pour l'essor du socialisme*），选自《毛泽东选集》（*Euvres choisies*），第五卷，第281页。

㊵ 莫言：《丰乳肥臀》（*Beaux seins, belles fesses*），Éditions du Seuil，2001年。

㊶ "银河号"（Yinhe）是一艘中国远洋运输总公司旗下所属中东

航线上的一艘集装箱班轮。1993 年 7 月 7 日,"银河号"从天津新港出发,途经上海、香港、新加坡、雅加达,最后共载 628 个集装箱,驶向中东,预计 8 月 3 日抵达位于波斯湾的迪拜港卸货,然后去沙特达曼港和科威特港。7 月 23 日起,美国声称掌握有确凿的证据,指责"银河号"货轮将载有可以制造化学武器的硫二甘醇和亚硫酰氯运往了伊朗阿巴斯港。8 月 28 日,美方人员以沙特人员的名义,对停靠在沙特达曼港附近的银河号进行检查,没有发现任何化学武器。三方签订检查报告,共同确认银河轮没有运载硫二甘醇和亚硫酰氯。"银河号"被迫中止正常航运长达 33 天。中方曾要求美方赔偿,美方却在事后不了了之。——译者注

㊷ 1999 年科索沃战争期间,北约的美国 B-2 轰炸机在这场未经联合国授权的轰炸中,投掷三枚(后被证实为五枚)精确制导炸弹,击中了位于南斯拉夫塞尔维亚贝尔格莱德,新贝尔格莱德樱花路 3 号的中国驻南大使馆。20 余人受伤,其中 6 人重伤,大使馆建筑在轰炸中严重损毁。——译者注

㊸法国作家小仲马最著名的小说之一,于 1848 年出版。故事讲述了一个青年人与巴黎上流社会一位交际花发生的一段曲折凄婉的爱情故事。——译者注

㊹戴高乐(Charles de Gaulle)是法国军事家、政治家,曾在第二次世界大战期间领导自由法国运动。戴高乐在任的十年里,支持发展核武器、制定泛欧主义外交政策、支持欧洲大陆联合为大欧洲、扩大法国影响、努力减少美国和英国的影响等,奉行一种伟大法兰西必须成为独

立自主强权的价值观，认为在经济、军事、外交上不可过度依附于某个国家或某个群体，此三大领域必须随时留出独立的体系和影响力。这一系列思想政策被称为戴高乐主义。——译者注

㊺这个问题是马赛勒·葛兰言（Marcel Granet）在他的作品《中华文明》（*La Civilisation chinoise*，Albin Michel，1994年，第155页）中提出来的。尽管Granet将中国神话看作是永恒中国的一部分的这种方式值得推敲，但是问题还是个好问题。这里同样可以参考张容（Rong Zhang Fernandez）《中华文明简史》（*Précis de civilisation chinoise, de ses origines à nos jours*，L'Harmattan，2014年，第41页），这本书中给出的观点更加中肯。

㊻出自孔子：《论语》。

㊼徐革非：《满族的小花》（*Petite Fleur de Mandchourie*），XO Éditions，2010年。

㊽原文为"怕不待放丝缰，咱可甚鞭敲金镫响。你管燮理阴阳，掌握朝纲。治国安邦，展土开疆。假若俺高皇，差你个梅香，背井离乡，卧雪眠霜。若是他不恋您春风画堂，我便官封你一字王。"出自《汉宫秋》第三折。——译者注

㊾关于书法，可参考李克曼为《中国文明辞典》（*Dictionnaire de la civilisation chinoise*）写的精彩词条，第68页。

㊿马可·波罗：《马可波罗游记》，第二卷，第97章，"大汗是如何推广作为钱币的纸币的"，第246页。严格来讲，纸币在10世纪的唐朝已经出现了，叫作"飞钱"或"便换"。参考弗朗索瓦·蒂埃

里（François Thierry）著《古代中国钱币史》（*Les Monnaies de la Chine ancienne.Des origines à la fin de l'Empire*，Les Belles Lettres，2017 年，第 459 页。）

(51)参考让 · 皮埃尔 · 迪代伊（Jean-Pierre Duteil）《大明王朝》。

(52)关于这个主题，参考雷蒙德 · 布热里（Raymond Bourgerie），皮埃尔 · 勒索夫（Pierre Lesouef）《义和团运动与慈禧的抵抗》[*La Guerre des Boxers*（1900-1901）*.Tseu-Hi évite le pire*]，Economica，1998 年。

(53)参考张纯如（Iris Chang）《1937 年南京大屠杀：二十世纪规模最大的屠杀》（*Le Viol de Nankin，1937.Un des plus grands massacres du Xxe siècle*），Payot，2007 年。

(54)《愚公移山》一文是毛泽东在 1945 年 6 月 11 日召开的中国共产党第七次全国代表大会上作的闭幕词，收录在《毛泽东选集》（*Œuvres choisies*，已引用，第三卷，第 289 页）当中。关于这个成语的寓言故事出自道家经典《列子》（*Liezi，Le Classique de la vertu parfaite*，édition bilingue，You-Feng，2010 年，232—235 页）

(55)罗贯中，《三国演义》（*Les Trois Royaumes*），édition bilingue，Éditions de la littérature du peuple，第三卷，第 2191 页。

第三章　该西方睁眼看中国了

①国内生产总值（Produit intérieur brut），下称 PIB，即英文中的 GDP。——译者注

注释

② 《2020 年的中国与世界》（*Quelle Chine, pour quel monde en 2020?*）序言，Gingko，2013 年，第 15 页。

③ 1999 年《经合组织观察家》（*L'Observateur de l'OCDE*）第 217—218 期中可以找到此种困境的绝佳例证，米歇尔·安德鲁（Michel Andrieu）在此发表《中国人口：一枚定时炸弹》（*La démographie en Chine, une bombe à retardement*）一文，标题露骨。人们在这样的标题面前犹豫了：究竟是过时的殖民主义偏见，还是用来吸引眼球的噱头？

④ 根据日内瓦大学 Xenia Melo 和 Pascal Rocha de Silva 的文章《关于中国人口的预测：2000—2050》（*Projection de la population chinoise, 2000-2050*），www.synoptic.ch/textes/articles/2007/2007_Projection.population.Chine，我们做出了预测。

⑤ 关于这个骇人的问题，可参考米歇尔·阿列塔（Michel Aglietta）和白果（Guo Bai）的著作《中国道路：超越资本主义与帝制传统》（*La Voie chinoise. Capitalisme et empire*），Odile Jacob，2013 年。

⑥ 黄益平：《中国优势和结构性风险：不对称市场自由化的后果》（*China's Great Ascendancy and Structural Risks: Consequences of Asymmetric Market Liberalization*），《亚太经济文献》（*Asian-Pacific Economic Literature*），2010 年，第 24 卷，第 1 期，第 65—85 页。

⑦ 哥斯塔·艾斯平·安德森：《福利资本主义的三个世界》（*The Three Worlds of Welfare Capitalism*），普林斯顿大学出版社（Princeton University Press），1990 年。

⑧ 杜歇老爹报（*Le père Duchesne*），法国大革命时期若干份报纸的

名字，杜歇老爹是法国民间戏剧中的角色，机智灵活，嫉恶如仇，是法国人民喜闻乐见的艺术形象。——译者注

⑨上海合作组织即 OCS，下称上合组织。——译者注

⑩东南亚国家联盟即 Asean，下称东盟。——译者注

⑪以上数据皆为运河船闸的宽度和深度，船闸的大小决定了能够通过的船只的最大尺寸。——译者注

⑫应为 100 年。——译者注

⑬西塞罗：《论责任》（*De officiis*），第 1 章 22 节 77 段，Les Belles Lettres，1974 年，第 1 卷，第 143 页。

用长袍代替武器吧（Cedant arma togae），长袍指代市民。——译者注

⑭"我们的原则是党指挥枪，而决不容许枪指挥党"，毛泽东：《战争和战略问题》（*Problèmes de la guerre et de la stratégie*），《毛泽东选集》（*OEuvres choisies*），第 2 卷，第 241 页。

⑮这些数字及以下数字出自皮埃尔·皮卡尔（Pierre Picquart）：《中国：一种军事威胁？》（*La Chine：une menace militaire?*，Favre，2013 年）。作者重点强调要谨慎解读中国军队的相关数据，这些数据经常遭到国际问题专家，尤其是五角大楼专家的质疑。其实我们掌握着中国政府每隔两年或三年发行的《国防白皮书》（*Livres blancs de la défense*）。但是国外专家经常质疑中国官方的数字，但其内部也无法达成一致。

注释

结论　识时局之人不能对中国一无所知

①《中国人和其他人一样》(*Les Chinois sont des hommes comme les autres*)，Denoël，2012年，第30页及后。

②有两种表达方式，但意思相同：专制、独裁。

③如《费加罗报》(*Figaro*)驻华记者帕特里克·圣·保罗（Patrick Saint-Paul）所著《鼠族》(*Le Peuple des rats*)，Grasset，2016年。

④即欧洲。——译者注